# PETIT TRAITÉ

## THÉORIQUE ET PRATIQUE

DE

# L'ASSURANCE SUR LA VIE

PAR

## A. GUILMIN.

3ᵉ ÉDITION ENTIÈREMENT REFONDUE.

## PARIS.

AUGUSTE DURAND, LIBRAIRE,

Rue des Grès, 7.

1864

# PETIT TRAITÉ

### THÉORIQUE ET PRATIQUE

DE

# L'ASSURANCE SUR LA VIE

PAR

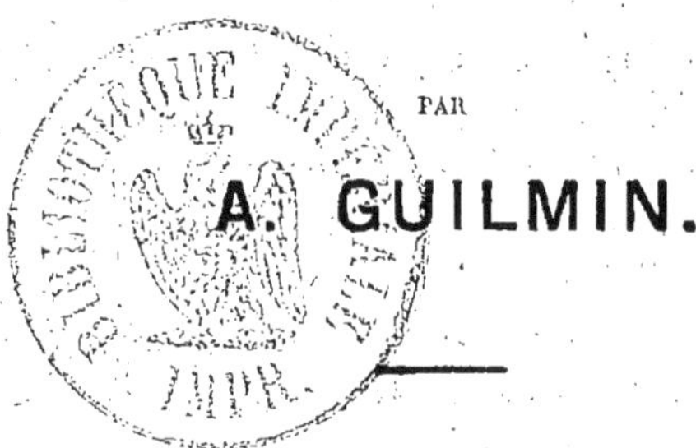

## A. GUILMIN.

**2ᵉ ÉDITION ENTIÈREMENT REFONDUE.**

## PARIS.

### AUGUSTE DURAND, LIBRAIRE,

Rue des Grès, 7.

1865

Paris. — Imprimé par É. Trunot et Cⁱᵉ, rue Racine, 26.

# PRÉFACE DE LA 2ᴱ ÉDITION.

J'ai refait en entier mon travail sur les assurances pour le rendre plus clair et surtout plus pratique. Je me suis attaché dans cette nouvelle édition à simplifier les formules, à les rattacher les unes aux autres, et à les préparer pour une application générale, c'est-à-dire pour l'établissement des tarifs de primes uniques ou annuelles.

Je n'ai pas employé le calcul des probabilités, parce que l'étude de mon sujet ne m'y a nullement conduit. Voici les considérations qui m'ont guidé, et la méthode générale que j'ai constamment appliquée.

Les chances de la mortalité sont les mêmes pour tous les individus du même âge qui peuvent être présentés pour la même assurance, pour une rente viagère immédiate par exemple; une Compagnie doit donc leur délivrer à tous au même prix des contrats identiques qui ne diffèrent que par le nom de l'assuré. Ces contrats ont cependant des valeurs réelles généralement diverses, *eu égard à leurs conséquences futures.* Car si ces conséquences étaient connues, on distinguerait certainement 1° la valeur du contrat délivré à un assuré qui mourra dans la 1ʳᵉ année de l'engagement; 2° celle du contrat délivré à un assuré qui mourra dans la 2ᵉ année; 3° *idem* à un assuré qui mourra dans la 3ᵉ année; ainsi de suite. Ces valeurs diverses sont inconnues et ne peuvent être distinguées par la Compagnie qui ignore l'époque précise du décès de chaque assuré; c'est pourquoi elle vend tous ces contrats le même prix. Mais quel doit être ce prix commun? Évidemment un prix moyen, et ce prix moyen doit être calculé d'après un groupe d'assurances semblables comprenant toutes les assurances de valeurs diverses dont il vient d'être question, et qui les comprenne en nombres respectivement convenables (*).

---

(*) Voy. page 18, l'explication de ces mots : *en nombres respectivement convenables.*

Or, d'après l'âge de l'assuré, ou les âges des assurés dans le cas d'une assurance sur plusieurs têtes, on trouve immédiatement, à l'aide de la table de mortalité, un assemblage d'assurances qui remplit exactement les deux conditions précédentes De plus, on calcule aisément, à l'aide de la même table, avec précision et certitude, sans avoir à s'occuper de probabilités, la valeur totale des assurances assemblées *considérées en bloc;* on obtient le prix moyen en divisant cette valeur totale par le nombre des assurances.

Tels sont les principes et la méthode qu'on trouve développés et expliqués dans ce petit traité. Cette méthode est générale et permet de résoudre aisément toutes les questions proposées sur les assurances sur la vie. Mais, pour ne pas trop étendre mon livre, je me suis borné à y traiter les combinaisons pratiquées le plus généralement par les Compagnies d'assurances.

Je ne change rien à la pratique des assurances ni au calcul des primes. Je ne fais qu'établir et expliquer d'une manière simple et naturelle les formules employées de tout temps pour cet objet par toutes les Compagnies.

A. GUILMIN.

p. s. *La table des matières est à la fin du livre.*

*P. S.* J'ai pris à bonne source tous les renseignements qui m'ont été nécessaires sur la pratique et l'administration des assurances sur la vie. M. de Hercé, directeur de la Compagnie d'assurances générales, m'a donné avec la plus grande obligeance tous ceux que je lui ai demandés; je lui en fais ici mes bien sincères remerciments.

# TRAITÉ

## THÉORIQUE ET PRATIQUE

### DES ASSURANCES SUR LA VIE HUMAINE

#### A PRIMES FIXES

## PRÉLIMINAIRES.

**1.** Une assurance sur la vie est une obligation de payer une somme ou des sommes successives, dont l'exécution dépend de la durée plus ou moins grande de la vie d'un individu ou de plusieurs individus désignés qu'on appelle des *assurés*.

L'assurance est dite *en cas de vie* quand l'assureur ne doit payer qu'en cas de vie de l'assuré ou des assurés à une époque ou à des époques fixées. Elle est dite *en cas de décès*, quand l'assureur ne doit payer qu'après la mort de l'assuré ou des assurés.

L'assurance est faite moyennant une somme payée comptant le jour de l'assurance, ou moyennant plusieurs sommes payables à des époques fixes ou éventuelles indiquées dans le contrat, autrement dit la *police d'assurance*. Chaque somme ainsi payée s'appelle ordinairement une *prime*.

**2.** Les combinaisons les plus usuelles de l'assurance *en cas de vie* sont la constitution d'une rente viagère *immédiate* (due à partir du jour de l'assurance) ou *différée* (due seulement à partir d'une date postérieure fixée), et l'assurance d'un *capital différé*, c'est-à-dire d'une somme payable au bout d'un temps fixé, si l'assuré existe encore.

Les combinaisons les plus ordinaires de l'assurance *en cas de décès*, sont : l'assurance d'un capital payable aussitôt *après le décès de l'assuré* à ses héritiers ou ayants droit; l'assurance *temporaire*, c'est-à-dire l'assurance d'un capital payable après le décès de l'assuré, mais seulement dans le cas où ce décès aurait lieu avant un terme fixé, et enfin l'assurance de *survie*, qui consiste à assurer un capital ou une rente payable à une personne désignée mais seulement dans le cas où elle survivrait à une autre personne également désignée.

L'assurance se fait en général sur une ou sur deux têtes.

**3.** Contracter une assurance sur la vie est une opération bienfaisante quand elle est faite à propos par le contractant, et que la Compagnie qui assure est solide et honnête. Elle produit toujours l'effet désiré pour le bénéficiaire, et la chance n'échoit à la Compagnie que lorsque ce bon effet n'est plus nécessaire ou n'est pas encore devenu nécessaire.

ExEMPLES. Une rente viagère destinée à assurer l'aisance et la tranquillité du titulaire. (*Tant que le rentier existe, la rente est payée; quand le rentier est mort, la rente n'est plus nécessaire.*) L'assurance d'un capital différé sur la tête d'un enfant pour pourvoir à son remplacement militaire ou à son établissement. (*Si l'enfant atteint l'âge fixé, la Compagnie paye et l'effet est produit; si l'enfant meurt avant cet âge, cet effet n'est plus nécessaire.*) L'assurance d'un capital payable après le décès d'un père de famille pour empêcher ses héritiers de déchoir et de tomber dans la misère. (*Tant que le père existe, la famille ne souffre pas; quand il meurt, la Compagnie paye et la famille est sauvegardée.*) Enfin l'assurance d'une rente viagère en cas de survie contractée au profit d'un vieux père par son fils qui est son seul soutien. (*Si le fils survit au père, la rente n'est pas nécessaire; si le fils meurt le premier, la rente met le père à l'abri du besoin.*)

En un mot, chacune des combinaisons de l'assurance sur la vie a son caractère d'utilité spéciale et opportune. Ces opérations devraient donc être populaires et pratiquées partout sur une grande échelle; car elles conviennent dans beaucoup de cas et à beaucoup de monde.

Les Anglais et les Américains en ont bien vite compris les avantages spéciaux; ce genre de placement est aussi connu et aussi goûté chez eux que les bons placements ordinaires La première Compagnie d'assurances sur la vie formée en Angleterre remonte à 1706. On était loin alors de connaître les conditions exactes et équitables de l'assurance telle qu'elle se pratique maintenant; néanmoins l'institution prit racine, se perfectionna, progressa, et aujourd'hui il y a au moins dans ce pays 250 Compagnies et 6 à 800000 assurés. Elle n'a pas été moins goûtée dans d'autres parties de l'Europe où elle a été plus récemment introduite, notamment en Suisse, en Hollande, en Belgique, en Allemagne, et même en Italie. Il n'en a pas été de même en France; l'assurance sur la vie, mal comprise même par les gouvernants, y a été presque complétement interdite jusqu'au commencement de ce siècle. Il est vrai que l'interdiction ne s'appliquait qu'à l'assurance sur la vie des marins; car dès 1787 une ordonnance royale autorisait la formation d'une Compagnie semblable à celles qui existent aujourd'hui. Quoi qu'il en soit, l'interdiction même restreinte n'a pas été reproduite dans les Codes qui nous régissent actuellement, et doit être considérée comme virtuellement abrogée. La preuve en est que depuis 1819 diverses Compagnies d'assurances sur la vie humaine se sont formées, et opèrent sous la surveillance et le contrôle de l'État. Depuis lors, aucun désastre, aucun mécompte n'a pu jeter de défaveur dans l'esprit des gens sensés sur leurs opérations (qu'il ne faut pas confondre avec les opérations tontinières); malgré cela, pendant près de 40 ans, leurs progrès ont été très-lents, leurs opérations relativement rares, sauf les constitutions de rentes viagères. Les assurances en cas de décès commencent à prendre plus d'extension; mais c'est peu encore, beaucoup moins qu'en Angleterre, et, sans comparaison, beaucoup moins que cela ne devrait être eu égard aux bienfaits incontestables de l'assurance faite à propos et loyalement pratiquée. C'est que ces bienfaits n'ont pas été bien mis en évidence; c'est que généralement on ignore que les calculs auxquels donnent lieu les opérations d'assurance sur la vie humaine se font, moyennant de bonnes tables de mortalité, avec la même régularité, la même précision, la même exactitude mathématique que ceux des opérations financières les plus connues et les plus vulgaires. *On n'a confiance que dans ce que l'on connaît et comprend bien.* Le meilleur moyen de propager l'assurance vraie, l'assurance bienfaisante, celle dont nous avons cité des exemples, est donc d'expliquer ces calculs d'une manière simple, claire, à la portée du plus grand nombre. Nous allons l'essayer.

Nous expliquerons le système pratiqué par les Compagnies françaises. Ce système expliqué, tous les autres le sont, à quelques détails près, qui ne présentent aucune difficulté.

3. Voici d'abord quelques définitions à ajouter aux premières déjà données.

Le *contractant* est celui qui signe la *police* et exécute les engagements pris avec la Compagnie.

L'*assuré* est une personne sur la tête de laquelle repose l'assurance.

Le *bénéficiaire* est celui qui recueille en partie ou en totalité le bénéfice de l'assurance.

## Calcul des primes d'assurances sur la vie.

4. Le calcul d'une prime d'assurance sur la vie repose sur deux bases : 1° *un taux d'intérêt convenu,* 2° *les chances de mortalité particulières au cas proposé* (*)

5. 1re Base. Taux d'intérêt. La Compagnie doit payer les intérêts composés à un taux convenu des sommes versées entre ses mains par les contractants. Les Compagnies fran-

---

(*) Le taux pris pour base doit être modéré et choisi pour un temps assez long avec une prudence extrême; car, en opérant

çaises ont généralement adopté aujourd'hui le taux de 4 p. %; nous prendrons ce taux pour exemple.

On réalise cette première condition, indépendamment des chances de la mortalité, en appliquant la formule suivante :

FORMULE. *Pour assurer une somme de $S_n$ fr. payable dans n années, la Compagnie fait payer, valeur argent comptant le jour de l'assurance, une prime*

$$p_n = \frac{S_n}{(1,04)^n} \qquad (1).$$

En agissant ainsi, la Compagnie remplit exactement la première condition indiquée. En effet, pour assurer par exemple 600 fr. payables dans trois ans, elle fait payer comptant, d'après cette formule, une prime $p_3 = \dfrac{600 \text{ fr.}}{(1,04)^3}$, puis, le terme arrivé, elle paye au bénéficiaire de l'assurance : 600 fr. $= p_3 \times (1,04)^3$. Elle rembourse donc la somme $p_3$ qu'elle a reçue avec ses intérêts composés à 4 p. % par an pour tout le temps qu'elle est restée entre ses mains.

6. 2ᵉ BASE. CHANCES DE MORTALITÉ. Si la Compagnie

---

comme nous l'expliquons, une Compagnie ne se réserve régulièrement, pour ses frais et bénéfices, que l'excédant sur ce taux offert au public de l'intérêt annuel moyen qu'elle retire elle même par une bonne gestion de l'argent versé par les contractants. Or une Compagnie prudente et habile doit se mettre en mesure, autant qu'il est humainement possible de le faire de tenir fidèlement ses engagements, non-seulement sans perte, mais encore avec un bénéfice suffisamment rémunérateur.

Les tables de mortalité employées doivent exprimer exactement la mortalité moyenne des personnes assurées ou susceptibles d'être assurées. C'est là une condition essentielle pour que les tarifs soient exacts et justes. Les Compagnies doivent donc s'efforcer de la réaliser *autant que possible.* (Voyez à ce sujet la note de la page 12 et suivantes.)

connaissait d'avance la quotité et l'époque précises de chacun des payements qu'elle aura à faire en vertu du contrat, elle pourrait d'après la formule (1) calculer la somme qu'elle doit faire payer pour assurer chaque payement. En additionnant les sommes partielles ainsi trouvées, elle connaîtrait la somme totale à payer par le contractant, c'est-à-dire le prix exact du contrat d'assurance.

Mais la Compagnie ne connaît ni l'époque ni la quotité en question; il faudrait pour cela qu'elle connût d'avance l'époque précise du décès de la tête assurée ou de chacune des têtes assurées. De plus, elle doit faire payer le même prix individuel à tous les individus du même âge qui se présentent pour la même assurance; car ces individus ont les mêmes chances de vie et de mort. Elle ne peut donc faire autre chose que de leur demander un prix *moyen* calculé 1° *d'après la formule* (1); 2° *d'après un groupe d'assurances présentant toutes les chances de mortalité particulières au cas proposé.*

On calcule avec exactitude et facilité, comme nous le montrerons plus loin, le prix moyen qui remplit ces deux conditions en se servant d'une *bonne* table de mortalité.

7. Tables de mortalité. Supposons qu'on considère 1286 individus par ex., nés le même jour et qu'on les suive dans leur existence de manière à pouvoir noter le nombre des survivants du groupe à chaque anniversaire de la naissance, et cela jusqu'au dernier décès. En écrivant en colonnes et par ordre 1286 et les nombres de survivants successifs, on construit ce qu'on appelle une table de mortalité.

Si les individus considérés ont été pris sans choix dans la population d'un pays, on a une table de mortalité *générale* pour ce pays. Si ces individus ont été choisis dans certaines conditions sociales, on a une table de mortalité *pour des têtes choisies.*

Depuis qu'on s'occupe d'assurances sur la vie, on a construit un certain nombre de tables de mortalité en Angleterre et en France. Beaucoup de Compagnies anglaises se servent de la table *dite* de Carlisle. Les Compagnies

françaises emploient exclusivement deux tables con-
struites en France. La première, construite par Dépar-
cieux vers 1746 pour des têtes choisies, leur sert pour les
assurances en cas de vie. La seconde, construite par Duvillard en 1806, et qui est une table de mortalité générale,
leur sert pour les assurances en cas de décès.

La table de Duvillard n'est plus conforme aux faits de
l'époque actuelle ; elle donne une mortalité trop rapide,

*Loi de la mortalité en France, d'après* DUVILLARD.

| Ages. | Vivants. | Ages. | Vivants. | Ages. | Vivants. | Ages. | Vivants. |
|---|---|---|---|---|---|---|---|
| 0 | 1000000 | 28 | 451635 | 56 | 248782 | 84 | 15175 |
| 1 | 767525 | 29 | 444932 | 57 | 240214 | 85 | 11886 |
| 2 | 671834 | 30 | 438183 | 58 | 231488 | 86 | 9234 |
| 3 | 624668 | 31 | 431398 | 59 | 222605 | 87 | 7105 |
| 4 | 598713 | 32 | 424583 | 60 | 213567 | 88 | 5670 |
| 5 | 583151 | 33 | 417744 | 61 | 204380 | 89 | 4686 |
| 6 | 573025 | 34 | 410836 | 62 | 195054 | 90 | 3830 |
| 7 | 565838 | 35 | 404012 | 63 | 185600 | 91 | 3093 |
| 8 | 560245 | 36 | 397123 | 64 | 176035 | 92 | 2466 |
| 9 | 555486 | 37 | 390219 | 65 | 166377 | 93 | 1938 |
| 10 | 551122 | 38 | 383360 | 66 | 156651 | 94 | 1499 |
| 11 | 546888 | 39 | 376363 | 67 | 146882 | 95 | 1140 |
| 12 | 542630 | 40 | 369404 | 68 | 137102 | 96 | 850 |
| 13 | 538255 | 41 | 362419 | 69 | 127347 | 97 | 621 |
| 14 | 533711 | 42 | 355400 | 70 | 117656 | 98 | 442 |
| 15 | 528969 | 43 | 348342 | 71 | 108070 | 99 | 307 |
| 16 | 524020 | 44 | 341235 | 72 | 98637 | 100 | 207 |
| 17 | 518863 | 45 | 334072 | 73 | 89404 | 101 | 135 |
| 18 | 513502 | 46 | 326843 | 74 | 80423 | 102 | 84 |
| 19 | 507949 | 47 | 319539 | 75 | 71745 | 103 | 51 |
| 20 | 502216 | 48 | 312148 | 76 | 63424 | 104 | 29 |
| 21 | 496317 | 49 | 304662 | 77 | 55511 | 105 | 16 |
| 22 | 490267 | 50 | 297070 | 78 | 48057 | 106 | 8 |
| 23 | 484083 | 51 | 289361 | 79 | 41107 | 107 | 4 |
| 24 | 477777 | 52 | 281527 | 80 | 34705 | 108 | 2 |
| 25 | 471366 | 53 | 273560 | 81 | 28886 | 109 | 1 |
| 26 | 464863 | 54 | 265450 | 82 | 23680 | 110 | 0 |
| 27 | 458282 | 55 | 257193 | 83 | 19106 | | |

et les primes calculées d'après cette table sont trop fortes. Pour obvier à cet inconvénient, les Compagnies diminuent ces primes, ou partagent avec les assurés qui les ont payées leurs bénéfices trop grands. (*Voy.* la note ci-dessous) (*).

*Loi de la mortalité en France pour les têtes choisies, suivant* Deparcieux, *complétée pour les premières années.*

| Ages. | Vivants. | Ages. | Vivants. | Ages. | Vivants. | Ages. | Vivants. |
|---|---|---|---|---|---|---|---|
| 0 | 1286 | 24 | 782 | 48 | 599 | 72 | 271 |
| 1 | 1071 | 25 | 774 | 49 | 590 | 73 | 251 |
| 2 | 1006 | 26 | 766 | 50 | 581 | 74 | 231 |
| 3 | 970 | 27 | 758 | 51 | 571 | 75 | 211 |
| 4 | 947 | 28 | 750 | 52 | 560 | 76 | 192 |
| 5 | 930 | 29 | 742 | 53 | 549 | 77 | 173 |
| 6 | 917 | 30 | 734 | 54 | 538 | 78 | 154 |
| 7 | 906 | 31 | 726 | 55 | 526 | 79 | 136 |
| 8 | 896 | 32 | 718 | 56 | 514 | 80 | 118 |
| 9 | 887 | 33 | 710 | 57 | 502 | 81 | 101 |
| 10 | 879 | 34 | 702 | 58 | 489 | 82 | 85 |
| 11 | 872 | 35 | 694 | 59 | 476 | 83 | 71 |
| 12 | 866 | 36 | 686 | 60 | 463 | 84 | 59 |
| 13 | 860 | 37 | 678 | 61 | 450 | 85 | 48 |
| 14 | 854 | 38 | 671 | 62 | 437 | 86 | 38 |
| 15 | 848 | 39 | 664 | 63 | 423 | 87 | 29 |
| 16 | 842 | 40 | 657 | 64 | 409 | 88 | 22 |
| 17 | 835 | 41 | 650 | 65 | 395 | 89 | 16 |
| 18 | 828 | 42 | 643 | 66 | 380 | 90 | 11 |
| 19 | 821 | 43 | 636 | 67 | 364 | 91 | 7 |
| 20 | 814 | 44 | 629 | 68 | 347 | 92 | 4 |
| 21 | 806 | 45 | 622 | 69 | 329 | 93 | 2 |
| 22 | 798 | 46 | 615 | 70 | 310 | 94 | 1 |
| 23 | 790 | 47 | 607 | 71 | 291 | 95 | 0 |

(*) **Choix de la table de mortalité.**

*Assurances en cas de vie.* Le rentier viager n'est ordinairement ni soldat ni marin; il n'a pas de maladie chronique devant causer une mort peu éloignée; il a placé son bien à fonds perdu pour vivre plus à son aise, sans inquiétude, souvent à la campagne; en un mot, il est généralement dans des conditions

**8. SIGNIFICATION D'UNE TABLE DE MORTALITÉ.** La table de Deparcieux par ex., signifie ceci : sur 1286 individus nés le même jour et vivant dans les conditions pour lesquelles la table a été faite, 1071 seulement atteignent l'âge d'un an, 1006 l'âge de 2 ans, 970 l'âge de 3 ans ; ainsi de suite jusqu'à la limite de la table. A partir d'un autre âge quelconque, de 34 ans par exemple, la table

---

favorables de longévité. D'un autre côté, on ne fait assurer une rente ou un capital différé de 20 ans par exemple, que si la santé de l'assuré est assez bonne pour donner l'espoir qu'il vivra encore plus de 20 ans. Les assurances *en cas de vic* sont donc faites sur ce qu'on appelle *des têtes choisies*, c'est-à-dire sur des têtes placées dans de bonnes conditions de longévité. C'est pourquoi on emploie pour ces assurances la table de Deparcieux construite pour des têtes choisies dans ces conditions.

*Assurances en cas de décès.* Une Compagnie prend ses précautions quand il s'agit d'assurer en cas de décès, et elle fait bien ; sans cela on lui amènerait pour cet objet plus de malades que de bien portants. Elle exclut les soldats, les marins, certains voyageurs, et fait visiter par son médecin chaque assuré présenté. Les assurés en cas de décès sont donc des têtes choisies comme les assurés en cas de vie. Mais *les uns et les autres ne sont pas choisis dans les mêmes conditions.*

Les assurés *en cas de vie* sont choisis par eux-mêmes ou par les contractants qui les connaissent intimement, sont d'accord avec eux, et ont tout intérêt à bien choisir.

Les assurés *en cas de décès* sont choisis par la Compagnie qui ne les connaît pas, et à qui certains risques qu'elle exclurait peuvent échapper sans qu'on les lui révèle, parce qu'on a intérêt à ne pas les dire. D'un autre côté, tandis que le rentier viager vit sans inquiétude, le plus souvent sans occupation, où il veut, l'assuré en cas de décès, au contraire, a généralement des fonctions, des affaires, des occupations qui l'absorbent et le fatiguent, qui le font vivre ainsi que sa famille, mais dont les avantages doivent cesser avec lui : c'est pourquoi il est assuré. Il a plus de préoccupations, d'inquiétudes ; il vit par nécessité plutôt dans les grandes villes qu'à la campagne. Les assurés en cas de décès ne sont donc pas généralement dans des conditions de longévité aussi favorables que les assurés en cas de vie.

La table de Deparcieux, si elle convient pour ceux-ci, ne con-

indique que sur 702 personnes ayant aujourd'hui 34 ans,
694 seulement survivront dans un an, 686 dans 2 ans,
678 dans 3 ans, etc. ; ainsi de suite jusqu'à la limite de
la table. La table finit à 95 ans, et il y a 0 à côté de cet
âge ; cela signifie-t-il qu'aucun individu placé dans les
conditions en question n'atteint l'âge de 95 ans ? Non as-
surément. Nous répondons à cette objection et nous di-
sons ce que signifie ce zéro dans la note placée au bas de
la page suivante.

---

vient donc pas pour ceux-là. Mais alors il ne reste plus pour la
France que la table de Duvillard, qui donne une mortalité plus
rapide que la mortalité générale actuelle, et *à fortiori* que celle
des assurés en cas de décès qui sont des têtes choisies jusqu'à un
certain point. A défaut d'une table convenant précisément pour
ce genre d'assurances, table très-difficile à établir, parce qu'il faudrait tenir compte de circonstances dont l'appréciation exacte est
presque impossible, les compagnies françaises ont établi leurs
tarifs de primes en cas de décès d'après la table de Duvillard.
Mais, reconnaissant que les primes ainsi calculées sont trop fortes
et désavantageuses pour les contractants, elles les diminuent par
exemple de 15 p. 0/0, ou bien donnent aux assurés, à titre de *restitution*, une part de leurs bénéfices trop grands ; cette part est
généralement de 50 p. 0/0. L'emploi d'un coefficient de réduction
et ce mode de restitution, sont évidemment les seuls moyens pratiques de remédier à l'inexactitude des tables de mortalité.

Mais ces moyens sont nécessairement un peu arbitraires, et le
mieux serait sans contredit d'employer de bonnes tables de mortalité. Nous ne terminerons donc pas sur ce sujet sans exprimer
un vœu, c'est que les Compagnies s'entendent dans leur intérêt
commun pour établir de nouvelles tables, les meilleures possibles,
soit en s'aidant de l'expérience acquise par une pratique déjà an-
cienne de l'assurance, soit en faisant les frais d'une statistique
un peu plus générale mais toujours spéciale, en vue de l'extension de leurs opérations qui se multiplieront quand elles seront
plus connues et mieux appréciées.

Cette explication donnée, nous considérerons chaque table de
mortalité spéciale comme exacte dans l'établissement des formules
de primes.

# Assurances sur une tête (EN CAS DE VIE).

### RENTES VIAGÈRES IMMÉDIATES (*vie entière*).

**9. PROBLÈME.** *Calculer le prix moyen au comptant d'une rente viagère immédiate de 1 fr. (vie entière) assurée sur une tête de 34 ans.* (Prime unique.)

Soit $x$ le prix demandé. On cherche dans la table de Deparcieux le nombre des vivants à l'âge proposé de 34 ans ; ce nombre est 702. A partir de là, la table indique que sur 702 personnes de 34 ans aujourd'hui vivantes, 694 seulement survivront dans un an, 686 seulement en 2 ans, 678 dans 3 ans, (suivez la table,......, 2 dans 59 ans, 1 dans 60 ans, 0 dans 61 ans ($95 - 34 = 61$). Ces 702 personnes de 34 ans peuvent être présentées pour l'assurance en question. Supposons que la Compagnie les assure toutes à la fois ; le prix des 702 assurances sera $702\,x$. Cela étant, il est certain, d'après la table de mortalité, que la Compagnie aura à payer à l'ensemble des rentiers survivants, 694 fr. dans un an (à raison de 1 fr. à chaque survivant), 686 fr. dans 2 ans, 678 fr. dans 3 ans suivez la table)..., 2 fr. dans 59 ans ans, 1 fr. dans 60 ans, puis rien, le groupe étant éteint (*). Elle doit donc, d'a-

---

(*) Mais, dira-t-on, d'après la table, aucun individu du groupe n'atteint l'âge de 100 ans, par ex., et cependant un assuré peut vivre cent ans et plus. Nous répondrons que c'est là un fait exceptionnel, et qu'en fait de prévisions pour établir des tarifs, il faut raisonnablement se baser sur ce qui arrive le plus généralement, *en moyenne*. Le zéro, qui se trouve dans la table de Deparcieux à côté de 95 ans, ne signifie pas qu'aucun homme ne dépasse 94 ans ; il signifie que, sur 1286 individus nés le même jour, ou sur 702 individus ayant en même temps 34 ans, et même sur des nombres doubles, il n'y en a pas *un* en moyenne qui atteigne l'âge de 95 ans.

Si un rentier viager par exemple devient centenaire, c'est là une chance mauvaise imprévue pour la Compagnie. Mais c'est un accident très-rare qui ne peut avoir sur ses affaires qu'une influence insignifiante ; elle prend alors sur son bénéfice (page 5, note) de quoi payer les dernières rentes à son vieil assuré.

près la formule (1), demander *comptant* pour assurer le $1^{er}$ payement collectif, $\dfrac{694^f}{1,04}$ ; pour le $2^e$, $\dfrac{686^f}{(1,04)^2}$ ; pour le $3^e$, $\dfrac{678^f}{(1,04)^3}$ ...; ainsi de suite jusqu'à la limite de la table.

Additionnons : elle doit donc faire payer en tout au comptant pour les 702 assurances la prime collective

$$702\,x = \frac{694}{1,04} + \frac{686}{(1,04)^2} + \frac{678}{(1,04)^3} + ... + \frac{2}{(1,04)^{59}} + \frac{1}{(1,04)^{60}}.$$

Tous les assurés devant payer le même prix moyen, chacun payera la $702^e$ partie de la valeur précédente. Le prix moyen

$$x = \frac{1}{702}\left[\frac{694}{1,04} + \frac{686}{(1,04)^2} + \frac{678}{(1,04)^3} + ... + \frac{1}{(1,04)^{60}}\right].$$

On peut calculer ce prix (écrit sans lacune d'après la table), terme à terme, à l'aide des logarithmes (*).

**10.** FORMULE GÉNÉRALE. Le raisonnement que nous venons de faire est général ; il peut se faire quels que soient l'âge de l'assuré et la table de mortalité employée. Nous pouvons donc déduire de notre résultat une formule générale devant servir à calculer le prix de la même assurance pour un âge quelconque, et d'après une table de mortalité quelconque. Nous établirons cette formule et les suivantes en nous servant des lettres ou notations suivantes.

NOTATIONS. La tête assurée étant désignée par A, $a$ désignera le nombre des vivants de la table de mortalité à l'âge qu'a l'assuré le jour de l'assurance.

$a_1$, $a_2$, $a_3$,... $a_l$ désigneront *dans leur ordre* les nombres de vivants de la table qui suivent *immédiatement a* ($a_l$ désignera le dernier nombre de la table).

---

(*) Le prix d'une assurance isolée est généralement long à calculer ; mais on abrége considérablement le calcul quand il s'agit d'établir un tarif, c'est-à-dire la série des prix pour les différents âges de l'assuré (Voy. page 49).

*Annuité* et *rente* sont synonymes. Nous emploierons ces deux mots indifféremment, et nous désignerons constamment par (A) le prix moyen d'une annuité ou rente viagère de 1 fr. assurée sur une tête A.

Dans notre exemple n° 9, $a = 702$, $a_1 = 694$, $a_2 = 686$, $a_3 = 678$,... $a_{l-1} = 1$, $a_l = 0$. Remplaçons les nombres par ces lettres. On trouve ainsi la formule

RENTE VIAGÈRE IMMÉDIATE DE 1 FR. (prime unique).

$$(A) = \frac{1}{a}\left[\frac{a_1}{1,04} + \frac{a_2}{(1,04)^2} + \frac{a_3}{(1,04)^3} + \cdots \frac{a_{l-1}}{(1,04)^{l-1}}\right]. \quad (2)$$

**11.** REMARQUE. *Le prix d'une rente viagère de S fr. s'obtient en multipliant par S le prix d'une rente de 1 fr.*

En effet, supposons qu'on cherche directement, comme nous venons de le faire, le prix d'une rente de 10 fr. On sera conduit à dire : la Compagnie aura à payer dans 1 an, 694 fois 10 fr. ou 6940 fr. (au lieu de 694 fr.); dans 2 ans, 686 fois 10 fr. ou 6860 fr. (au lieu de 686 fr.); etc. Tous les termes du prix moyen $x$ se trouveront finalement multipliés par 10 ; ce prix lui-même sera donc 10 fois plus grand que pour 1 fr. de rente.

Ceci est général, et s'applique à toutes les rentes et aux capitaux assurés quels qu'ils soient. Nous continuerons donc pour plus de simplicité à chercher le prix de l'assurance de 1 fr. de rente ou d'un capital de 1 fr.

**12.** CONSIDÉRATIONS GÉNÉRALES TRÈS-IMPORTANTES.

Nous avons trouvé sans hésitation et sans peine la valeur exacte au comptant des 702 assurances précédentes considérées en bloc. C'EST QU'ON CONNAÎT POUR CE GROUPE D'ASSURANCES CE QU'ON NE CONNAÎT PAS POUR UNE ASSURANCE ISOLÉE. On connaît la quotité et l'époque précises de chacun des payements que la Compagnie aura à faire à l'ensemble des bénéficiaires des 702 assurances. Par suite, on peut calculer, d'après la form. (1), la somme qu'elle devra faire payer pour assurer chacun de ces payements collectifs. En additionnant les sommes partielles, on obtient le prix total au comptant des 702 assurances, duquel on déduit le prix moyen d'une assurance isolée.

CE GROUPE DE 702 ASSURANCES CONVIENT POUR LE CALCUL EXACT DE LA PRIME MOYENNE.

En effet, il s'agit de trouver le prix moyen d'assurances qui ont des valeurs réelles généralement diverses, *eu égard à leurs conséquences futures* (*). Ces valeurs diverses sont : 1° celle de l'assurance sur une tête qui mourra dans la première année de l'engagement; 2° celle de l'assurance sur une tête qui mourra dans la seconde année; 3° *idem* qui mourra dans la troisième année...; ainsi de suite, jusqu'à la limite d'âge qu'atteindra dans les prévisions moyennes un assuré âgé aujourd'hui de 34 ans. Le groupe d'assurances considéré doit évidemment comprendre toutes ces assurances diverses, sans exception. Or dans nos 702 assurés, il y en a qui mourront dans la première année de l'engagement (il y en a 8); il y en a qui mourront dans la seconde année (8), *idem* dans la troisième année. Ainsi de suite.

*De plus*, le nombre des personnes du même âge primitif de 34 ans qui meurent dans la même année n'étant pas le même pour toutes les années de l'engagement, le groupe considéré doit comprendre les assurances diverses 1°, 2°, 3°, etc. en nombres égaux ou proportionnels aux nombres de ces personnes qui meurent dans ces diverses années. Or les nombres 8, 8, 8, 7, etc. des morts qui surviennent dans notre groupe de 702 assurés remplissent cette condition.

Le groupe de 702 assurés convient donc parfaitement si la table est bonne, ce que nous supposons, pour établir exactement le prix moyen au comptant d'une assurance

---

(*) Ex. : Le contrat délivré à un assuré qui mourra dans la quatrième année de l'engagement et celui d'un assuré qui mourra dans la dixième année ont évidemment des valeurs réelles diverses. Ces valeurs réelles sont inconnues le jour de l'assurance; c'est pourquoi la Compagnie vend les deux contrats le même prix moyen.

*quelconque* faite sur une tête âgée de 34 ans le jour de l'assurance.

Ce que nous venons de dire justifie donc l'emploi de ce groupe, ou *du groupe analogue pour chaque âge*, pour établir le prix moyen d'une assurance *quelconque* sur une seule tête en cas de vie ou en cas de mort.

# Rentes viagères différées sans arrérages au décès.

13. Problème. *Trouver le prix moyen au comptant d'une rente viagère différée de 15 ans, assurée sur une tête âgée de 34 ans (prime unique).*

Le rentier ne devient titulaire qu'à la fin de la 15ᵉ année de l'engagement, et touche la 1ʳᵉ rente à la fin de la 16ᵉ année. S'il meurt avant cette dernière époque, la prime est acquise à la Compagnie qui n'a rien à payer.

Soit $x$ le prix demandé. On cherche dans la table de Deparcieux le nombre des vivants à l'âge de 34 ans; ce nombre est 702. On suppose ces 702 personnes assurées en même temps par la Compagnie; le prix des 702 assurances est $702x$. La Compagnie ne devant payer pour la première fois qu'à la fin de la 16ᵉ année. on passe tout de suite dans la table à l'âge de $(34 + 16)$ ou 50 ans. Le nombre des survivants à cet âge est 581; à 51 ans, 571; à 52 ans, 560, etc. La Compagnie aura donc certainement à payer à l'ensemble des rentiers survivants : 1° 581 fr. dans 16 ans, 2° 571 fr. dans 17 ans, 3° 560 fr. dans 18 ans; ainsi de suite d'après la table. Elle doit donc demander comptant, d'après la formule (1), 1° $\dfrac{581^f}{(1,04)^{16}}$, 2° $\dfrac{571^f}{(1,04)^{17}}$, 3° $\dfrac{560^f}{(1,04)^{18}}$, .... $\dfrac{1^f}{(1,04)^{60}}$. Le prix des 702 assurances

$$702x = \frac{581}{(1,04)^{16}} + \frac{571}{(1,04)^{17}} + \frac{560}{(1,04)^{18}} + \cdots + \frac{1}{(1,04)^{60}}.$$

Le prix moyen

$$x = \frac{1}{702}\left[\frac{581}{(1,04)^{16}} + \frac{571}{(1,04)^{17}} + \cdots \frac{2}{(1,04)^{59}} + \frac{1}{(1,04)^{60}}\right].$$

Nota. *Les prix des rentes viagères différées se déduisent simplement des prix des rentes viagères immédiates (vie entière) déjà calculées.* Voy. page 51.

L'assurance d'une rente viagère différée se fait souvent moyennant une prime annuelle payable au commencement de chaque année jusques et compris l'année de l'entrée en jouissance. Nous apprendrons à déterminer cette prime annuelle. (*Voyez* page 28).

### 14. Rente viagère immédiate temporaire.

Une rente peut être assurée payable en cas de vie de l'assuré pendant un certain nombre d'années fixé. Ce temps écoulé, l'engagement est terminé et la Compagnie ne paye plus. C'est ce que nous appelons une rente viagère immédiate et temporaire.

Supposons la rente assurée pour 15 ans et l'assuré âgé de 34 ans. On cherche dans la table de Deparcieux le n. des vivants à l'âge de 34 ans ; c'est 702, etc. On raisonne exactement comme au n° 9 ; la Compagnie fait les mêmes payements, mais s'arrête à la fin de la 15ᵉ année. On trouve donc

$$x = \frac{1}{702}\left[\frac{694}{(1,04)} + \frac{686}{(1,04)^2} + \frac{678}{(1,04)^3} + \cdots + \frac{590}{(1,04)^{15}}\right],$$

et en général

$$(\text{A})_{t.\ p.\ k} = \frac{1}{a}\left[\frac{a_1}{1,04} + \frac{a_2}{(1,04)^2} + \cdots + \frac{a_k}{(1,04)^k}\right].\quad(3)$$

Le prix $x$ précédent et le prix $x$ du n° 13 additionnés donnent pour somme le prix $(x)$ du n° 9.

$$(\text{A})_{t.\ p.\ k} + (\text{A})_{d.\ de\ k} = (\text{A}).\quad(4)$$

N. B. (Lisez : *Annuité temporaire pendant k années*, et *annuité différée de k années*.)

*Une rente viagère de 1 fr. temporaire pour 15 ans, et une rente viagère (vie entière) différée de 15 ans, valent ensemble une rente viagère immédiate de 1 fr. (vie entière).*

En effet, le même assuré titulaire des deux premières rentes toucherait d'abord 1 fr. de rente pendant 15 ans, puis continuerait à toucher sans interruption et pendant toute sa vie en vertu du 2ᵉ contrat. Il aura joui d'une rente viagère immédiate de 1 fr. (vie entière).

COROLLAIRE. *Le prix d'une rente viagère temporaire se déduit donc des prix des deux autres rentes déjà calculés.*

## Assurance d'un capital différé.

**15.** PROBLÈME. *Calculer le prix moyen au comptant d'un capital de 1 fr. différé de 17 ans assuré sur la tête d'un enfant de 4 ans* (prime unique).

Si l'enfant atteint 21 ans (4+17), la Compagnie paye 1 fr.; s'il meurt avant cet âge, la prime est acquise à la Compagnie qui n'a rien à payer.

Soit $x$ le prix demandé. Pour le trouver, on cherche dans la table de Deparcieux le nombre des vivants à l'âge proposé de 4 ans; ce nombre est 947. On suppose que la Compagnie assure à la fois ces 947 enfants; le prix des 947 assurances sera 947 $x$. La Compagnie ne devant payer que dans 17 ans, on cherche tout de suite dans la table le nombre des vivants à l'âge de 21 ans (4+17); ce nombre est 806. Sur les 947 assurés, 806 arriveront à l'âge de 21 ans. La Compagnie aura donc à payer 806 fr. dans 17 ans; elle devra donc demander, d'après la formule (1), pour les 947 assurances

$$947\,x = \frac{806}{(1{,}04)^{17}}; \quad \text{d'où} \quad x = \frac{806}{947 \times (1{,}04)^{17}}.$$

FORMULE. $\quad$ Cᵃˡ d. de $k = \dfrac{a_k}{a\,(1{,}04)^k}$ . $\qquad$ (5)

L'assurance d'un capital différé, *en cas de vie,* se fait souvent moyennant une prime annuelle payable au commencement de chaque année, en cas de vie de l'assuré, jusqu'à la dernière année de l'engagement. (*Voy.* p. 29.)

# ASSURANCES EN CAS DE DÉCÈS

### (*sur une seule tête*).

**16.** Assurance d'un capital payable après décès (vie entière).

Dans cette combinaison, la Compagnie s'engage à payer *aussitôt* après le décès de l'assuré, à quelque époque qu'il arrive, un capital déterminé aux ayants droit quelconques. Pour prix de l'assurance, le contractant paye à la Compagnie une prime unique ou annuelle.

Problème. *Trouver le prix moyen au comptant d'un capital de 1ᶠ payable après le décès d'une personne de 34 ans* (prime unique).

Les prix de toutes les assurances en cas de décès se calculent d'après la table de Duvillard; mais les nombres de cette table étant très-grands, nous allons, pour plus de simplicité dans la démonstration seulement, employer encore celle de Deparcieux. Le raisonnement et la méthode suivie sont les mêmes, quelle que soit la table.

Soit $x$ le prix cherché. On cherche dans la table le nombre des vivants à l'âge de 34 ans; c'est 702. On suppose que la Compagnie assure à la fois ces 702 personnes de 34 ans pour la même assurance en question; le prix total sera 702$x$. Sur les 702 assurés, 694 survivront dans un an; 8 seront donc morts dans la 1ʳᵉ année. 686 seulement survivront dans 2 ans; 8 nouveaux assurés seront donc morts dans la 2ᵉ année. De même 8 dans la 3ᵉ année: 7 dans la 4ᵉ année, etc.; suivez la table)..., 1 dans la 61ᵉ année

(61 = 95 — 34).    La Compagnie, qui doit payer 1 fr. après le décès de chaque assuré mort dans l'année, aura certainement à payer à l'ensemble des bénéficiaires des 702 assurances, 8 fr. dans un an, 8 fr. dans 2 ans, 8 fr. dans 3 ans, 7 fr. dans 4 ans....., 1 fr. dans 61 ans. Elle doit donc demander collectivement, d'après la formule (1) :

$$1° \ \frac{8^f}{1{,}04}, \quad 2° \ \frac{8^f}{(1{,}04)^2}, \quad 3° \ \frac{8^f}{(1{,}04)^3}, \quad 4° \ \frac{7^f}{(1{,}04)^4} \ \cdots \ \frac{1^f}{(1{,}04)^{61}}.$$

Additionnons; elle demandera donc en tout pour les 702 assurances :

$$702x = \frac{8}{1{,}04} + \frac{8}{(1{,}04)^2} + \frac{8}{(1{,}04)^3} + , \cdots , + \frac{1}{(1{,}04)^{61}};$$

et pour une seule le prix moyen :

$$x = \frac{1}{702} \left[ \frac{8}{1{,}04} + \frac{8}{(1{,}04)^2} + \frac{8}{(1{,}04)^3} + \cdots + \frac{1}{(1{,}04)^{61}} \right].$$

Ce raisonnement peut se faire pour un âge quelconque et pour une table de mortalité quelconque. Nous pouvons déduire de notre résultat la formule générale.

Formule générale. Le 1er nombre de morts ci-dessus $8 = 702 — 694 = a — a_1$; le 2e, $8 = 694 — 686 = a_1 — a_2$; le 3e, $8 = 686 — 678 = a_2 — a_3$; ainsi de suite.   $a = 702$.

Nous appellerons (D) le prix moyen au comptant d'un capital de 1 fr. payable après le décès de l'assuré. En remplaçant $x$ par (D) et les nombres 8, 8, 8, etc., par leurs valeurs précédentes en lettres, on a

$$(D) = \frac{1}{a} \left[ \frac{a — a_1}{1{,}04} + \frac{a_1 — a_2}{(1{,}04)^2} + \frac{a_2 — a_3}{(1{,}04)^3} + \cdots + \frac{a_{l-1} — a_l}{(1{,}04)^l} \right]. (*)$$

---

(*) Le dernier nombre de la table $a_l = 0$. Les payements *collectifs* après décès ont lieu une fois de plus qu'en cas de vie.

**17.** Simplification importante. Séparons : 1° le 1er terme $\dfrac{1}{a} \times \dfrac{a}{1,04} = \dfrac{1}{1,04}$; 2° les termes précédés du signe $+$ ; 3° les termes précédés du signe $-$. On a ainsi

$$(D) = \frac{1}{1,04} + \frac{1}{a}\left[\frac{a_1}{(1,04)^2} + \frac{a_2}{(1,04)^3} + \frac{a_3}{(1,04)^4} + \ldots + \frac{a_{l-1}}{(1,04)^l}\right]$$

$$- \frac{1}{a}\left[\frac{a_1}{1,04} + \frac{a_2}{(1,04)^2} + \frac{a_3}{(1,04)^3} + \ldots + \frac{a_{l-1}}{(1,04)^{l-1}}\right].$$

$(a_l = 0)$. Le signe $-$ est suivi de la valeur de l'annuité viagère (A), formule (2), page 17; le signe $+$ est suivi des termes de cette même valeur divisés chacun par 1,04.

Donc $\quad (D) = \dfrac{1}{1,04} + \dfrac{(A)}{(1,04)} - (A) = \dfrac{1+(A)-(1,04)(A)}{1,04}$,

ou $\qquad\qquad\qquad (D) = \dfrac{1 - 0,04\,(A)}{1,04}.$ $\qquad\qquad$ (6)

*Le prix d'un capital de 1 fr. payable après décès se déduit donc simplement du prix d'une annuité viagère de 1 fr.* (vie entière). Rappelons-nous bien que *l'annuité* (A) *doit être calculée ici d'après la table de Duvillard.*

**18.** Remarque. Les Compagnies emploient cette formule plus simple

$$(D) = 1 - 0,04\,(A). \qquad\qquad (6\ bis)$$

Nous avons supposé dans notre raisonnement que la Compagnie paye le capital assuré à la fin de l'année du décès. Les Compagnies françaises payent aussitôt après le décès. Les décès des assurés du groupe $a$ ont lieu chaque année à diverses époques indéterminées. Il faut donc en moyenne supposer que chaque payement collectif a lieu au milieu de l'année considérée. Les Compagnies en prenant $(D) = 1 - 0,04(A)$ tandis que nous trouvons $D = \dfrac{1 - 0,04(A)}{1,04}$, agissent évidemment comme si le capital était payé un an plus tôt, c'est-à-dire au commencement de l'année du décès; ce qui n'est pas généralement. La vérité est entre les deux hypothèses, et le prix moyen exact est

$$(D) = \frac{1 - 0,04(A)}{1,02}.$$

**19. ASSURANCES TEMPORAIRES EN CAS DE DÉCÈS.**

Dans cette combinaison, la Compagnie s'engage à payer un capital déterminé aussitôt après le décès de l'assuré, mais seulement dans le cas où ce décès aurait lieu avant un nombre d'années désigné. Si l'assuré vit encore à l'expiration du terme fixé, la prime est acquise à la Compagnie qui n'a rien à payer.

PROBLÈME. *Calculer le prix comptant au moyen d'un capital de 1 fr. payable après le décès d'une personne de 34 ans, si ce décès a lieu avant 15 ans. (Prime unique).*

Soit $x$ la prime demandée. On cherche dans la table de mortalité, par exemple dans celle de Duparcieux, le nombre des vivants à l'âge de 34 ans; ce nombre est 702. On suppose ces 702 personnes assurées à la fois par la Compagnie pour la même assurance en question.

La Compagnie aura à faire les mêmes payements que dans le cas précédent (n° 16), mais seulement depuis la fin de la 1ʳᵉ année jusqu'à la fin de la 15ᵉ année après laquelle l'engagement est terminé. En raisonnant de même on trouve donc

$$x = \frac{1}{702}\left[\frac{8}{1,04} + \frac{8}{(1,04)^2} + \frac{8}{(1,04)^3} + \cdots + \frac{9}{(1,04)^{15}}\right],$$

et en général

$$(D)_{t.\,p.\,k} = \frac{1}{a}\left[\frac{a - a_1}{1,04} + \frac{a_1 - a_2}{(1,04)^2} + \cdots + \frac{a_{k-1} - a_k}{(1,04)^k}\right].$$

**20. ASSURANCE MIXTE,**

Ainsi nommée parce qu'elle implique un payement après décès et un payement en cas de vie.

Dans cette combinaison, la Compagnie s'engage à

payer un capital aux ayants droit aussitôt après le décès de l'assuré, si ce décès a lieu avant un nombre d'années désigné, et de plus à payer ce capital à l'assuré lui-même s'il survit au terme indiqué.

La Compagnie est donc sûre de payer dans tous les cas, quoi qu'il arrive. Elle ne court qu'une chance, c'est de payer plus ou moins tôt dans le délai indiqué. Elle fait donc payer elle-même en conséquence, et cette opération est peu avantageuse pour le contractant, surtout si l'assuré survit.

**20 bis. Problème.** *Prix au comptant de l'assurance mixte d'un capital de 1 fr. faite pour 15 ans sur une tête de 34 ans.*

Cette assurance se compose : 1° de l'assurance temporaire pour 15 ans d'un capital de 1 fr. payable aussitôt après le décès de l'assuré; 2° de l'assurance d'un capital de 1 fr. différé de 15 ans payable en cas de vie de l'assuré. Le prix demandé est donc la somme des prix de ces deux assurances (form. (5) et (7)).

Ass. mixte pour $k = (D)_{t.\ p.\ k}$ + capital différé de $k$ années

$$= \frac{1}{a}\left[\frac{a-a_1}{1,04} + \frac{a_1-a_2}{(1,04)^2} + \cdots + \frac{a_{k-1}-a_k}{(1,04)^k} + \frac{a_k}{(1,04)^k}\right].$$

Simplification. Décomposons cette valeur en trois parties exactement comme au n° 17, puis comparons la 2° et la 3° partie à la valeur de l'annuité temporaire $(A)_{t.\ p.\ k}$, formule (3), n° 14. On trouve ainsi

$$\text{Ass. mixte p. } k = \frac{1}{1,04} + \frac{(A)_{t.\ p.\ k}}{1,04} - (A)_{t.\ p.\ k} = \frac{1-0,04(A)_{t.\ p.\ k}}{1,04}. \tag{7}$$

Les Compagnies emploient la formule plus simple :

$$\text{Ass. mixte} = 1 - 0,04\ (A)_{t.\ p.\ k}$$

(même remarque qu'au n° 18).

Remarque. D'après la 1<sup>re</sup> égalité du n° 20 *bis*, le prix de *l'assurance temporaire en cas de décès*

$$(D)_{t.\ p.\ k} = \text{Ass. mixte p. } k - C^{al}\ \text{d. de } k. \tag{8}$$

# Primes annuelles.

**21.** Au lieu de payer comptant une prime unique qu'il faut avoir toute prête, et qui est relativement forte, le contractant d'une assurance préfère généralement diviser le payement, et s'acquitter en payant une prime annuelle.

On appelle ainsi une somme fixe payée annuellement en cas de vie de l'assuré, et d'avance, c'est-à-dire au commencement de chaque année de l'engagement, soit pendant un certain nombre d'années fixé, soit pendant toute la durée de l'engagement. Nous allons expliquer comment on détermine la prime annuelle à payer dans chaque combinaison d'assurance.

La $1^{re}$ prime, qui se paye comptant le jour de l'assurance, n'a rien d'éventuel; laissons-la de côté un instant.

Les autres ne se payent qu'en cas de vie de l'assuré. La $2^e$ prime qui se paye au commencement de la $2^e$ année de l'engagement peut être considérée comme payée à *la fin de la $1^{re}$ année*; c'est la même chose. La $3^e$ prime peut être considérée comme payée à la fin de la $2^e$ année. Ainsi de suite.

Supposons la prime annuelle de 1 franc.

Le contractant qui s'oblige à payer des primes annuelles de 1 fr., la $1^{re}$ exceptée, s'engage à payer 1 fr. à la fin de chaque année, *en cas de vie de l'assuré*, pendant un certain nombre d'années ou pendant toute la vie de l'assuré. Il s'oblige donc exactement aux mêmes payements éventuels que la Compagnie assurant une rente viagère de 1 fr, sur la même tête et pour le même temps.

Soit A fr. le prix moyen au comptant de cette rente viagère. D'après nos explications, A fr. est la valeur moyenne en argent comptant le jour de l'assurance de tous les payements éventuels que doit faire la Compagnie en vertu du contrat; A fr. est donc aussi la valeur moyenne au comptant le jour de l'assurance de toutes les primes annuelles éventuelles à payer par le contractant, la $1^{re}$ prime exceptée.

La 1$^{re}$ prime étant d'ailleurs de 1 fr. payé comptant, la valeur totale au comptant de toutes les primes annuelles sans exception est

$$1 + A.$$

Si la prime annuelle au lieu d'être 1 fr. est une somme quelconque $x$ fr., la valeur au comptant de toutes les primes le jour de l'assurance est

$$(1 + A) \times x. \tag{9}$$

Nous savons déjà trouver la valeur au comptant d'une annuité viagère ou temporaire de 1 fr. assurée sur une tête; nous sommes donc à même de déterminer dès à présent la valeur au comptant des primes annuelles temporaires ou viagères à payer dans chacun des cas pratiques de l'assurance sur une tête.

Tout ce que nous venons de dire s'applique aux assurances sur deux têtes. Il n'y a qu'à dire *les assurés* au lieu de *l'assuré*.

## Assurance d'une rente viagère différée

### A PRIME ANNUELLE.

**22.** PROBLÈME. *Trouver la prime annuelle à payer pour assurer une rente viagère de* 1 *fr. différée de* k *années sur une tête* A.

Soit $x$ la prime annuelle cherchée. Le rentier ne touchant la rente qu'à la fin de la $(k + 1)^{\text{ième}}$ année, la prime se paye encore au commencement de cette $(k + 1)^{\text{ième}}$ année, ou ce qui revient au même, à la fin de la $k^{\text{ième}}$ année. La 1$^{re}$ prime exceptée, le contractant doit donc payer toutes les autres en cas de vie de l'assuré à la fin des $k$ premières années de l'engagement. La rente viagère A, équivalente à ces $k$ primes, est donc une rente viagère temporaire payable pendant $k$ années seulement (n° 14).   Toutes les primes annuelles $x$ sans exception valent donc au comptant le jour de l'assurance

$$(1 + (A)_{t.p.\,k}) \times x.$$

Le prix *au comptant* de la rente différée qu'il s'agit d'assurer, est d'ailleurs $(A)_{d.\,de\,k}$ (n°13).

Ces deux valeurs doivent être égales puisque la première doit payer la seconde.

Donc $[1 + (A)_{t.p.\,k}] \times x = (A)_{d.\,de\,k}$.

D'où
$$x = \frac{(A)_{d.\,de\,k.}}{1 + (A)_{t.p.\,k.}} \tag{10}$$

# Assurance d'un capital différé

## EN CAS DE VIE (*à prime annuelle*).

**25.** PROBLÈME. *Calculer la prime annuelle à payer pour assurer en cas de vie un capital de 1 fr. différé de k années sur une seule tête A.*

Soit $x$ la prime annuelle cherchée. La 1ʳᵉ prime à part, on ne *paye les autres que pendant* $k - 1$ années.

L'annuité viagère équivalente à ces $k - 1$ dernières primes est une annuité viagère temporaire payable pendant $k - 1$ années (n° 14). La valeur totale en argent comptant payé le jour de l'assurance des $k$ primes annuelles payables d'avance est donc

$$[1 + (A)_{t.\,p^r(k - 1)}] \times x.$$

Le prix du contrat payable comptant le jour de l'assurance est d'après la formule (5), $\dfrac{a_k}{a(1,04)^k}$.

Les deux valeurs précédentes doivent être égales puisque la première doit payer la seconde. Donc

$$[1 + (A)_{t.\,p^r(k - 1)}] \times x = \frac{a_k}{a(1,04)^k};$$

D'où
$$x = \frac{a_k}{a(1,04)^k} \times \frac{1}{[1 + (A)_{t.\,p^r(k - 1)}]}. \tag{11}$$

# Assurance d'un capital payable après décès
# à prime annuelle et viagère.

**24.** L'assurance d'un capital payable après décès se fait généralement moyennant une prime annuelle et viagère.

PROBLÈME. *Calculer la prime annuelle et viagère à payer pour assurer un capital de 1 fr. payable après décès sur une seule tête* A.

Soit $x$ la prime cherchée.

Chaque prime, la première exceptée, se payant à la fin de chaque année pendant toute la vie de l'assuré, l'annuité équivalente A est ici la rente viagère immédiate (vie entière), dont la valeur au comptant (A) a été trouvée n° 10, formule (2). La valeur au comptant de toutes les primes annuelles est donc, d'après la formule (9),

$$[1 + (A)] \times x.$$

Le prix au comptant du capital assuré est la valeur (D) donnée par la formule du n° 18.

Ces deux valeurs sont égales puisque la première doit payer la seconde. Donc

$$[1 + (A)] \times x = (D); \quad \text{d'où} \quad x = \frac{(D)}{1 + (A)}. \quad (12)$$

**24 bis.** *Assurance d'un capital payable après décès, faite moyennant une prime annuelle temporaire de* x *fr., payable d'avance pendant* k *années seulement.*

La première prime exceptée, les autres se payent pendant $(k-1)$ années seulement.

On trouve de même que précédemment

$$x = \frac{(D)}{1 + (A)t.p^rk-1}. \quad (13)$$

**25.** **ASSURANCE TEMPORAIRE** en *cas de décès avant* **k** *années, à prime annuelle.* Calculer la prime annuelle *x*.

La première prime exceptée, les autres se payent pendant $k - 1$ années seulement.

Par le même raisonnement et d'après les formules (8) et (9), on trouve

$$x = \frac{(D)_{t.\,\text{pr}\,k}}{[1 + (A)_{t.\,\text{pr}\,(k-1)}]}. \tag{14}$$

**25 bis.** **ASSURANCE MIXTE** *pour k années, à prime annuelle.*

La 1ʳᵉ prime exceptée, les autres se payent pendant $k - 1$ années seulement. La valeur au comptant de toutes les primes est donc

$$[1 + (A)_{t.\,\text{pr}\,(k-1)}] \times x.$$

On connaît le prix de l'assurance (n° 20 *bis*). On déduit aisément la valeur de *x*.

**26.** **RENTES VIAGÈRES DIFFÉRÉES A CAPITAL RÉSERVÉ.**

Dans cette combinaison la compagnie s'engage non-seulement à payer la rente à partir de l'époque fixée, si l'assuré survit, mais encore à rembourser aux ayants droit la prime unique reçue, nette et sans intérêts, aussitôt après le décès de l'assuré, que celui-ci meure en jouissance de la rente ou avant d'être entré en jouissance.

PROBLÈME. *Calculer le prix moyen au comptant d'une rente viagère de 1ʳ différée de* k *années à capital réservé.*

Soit *x* le prix cherché. La Compagnie assure d'abord le payement de la rente dans les conditions ordinaires, et cette assurance vaut $(A)_{d.\,de\,k}$ (n° 13).

Le prix *x*, devant être remboursé aussitôt après le décès de l'assuré, la Compagnie, simple usufruitière, jouit seulement de l'intérêt annuel $0{,}04 \times x$ de cette somme. Ces intérêts $0{,}04\,.\,x$ qu'elle touche successivement à la fin des années de la vie de l'assuré, sont des primes annuelles dont la valeur to-

tale *au comptant* est, d'après le n° 21, $(A) \times 0,04 . x$.
En y joignant la $1^{re}$ prime $x$, on doit considérer la Compagnie comme recevant comptant

$$x + 0,04 . (A) . x.$$

Donc $\quad x + 0,04 . (A) . x = (A)_{d. \text{ de } k},$

d'où $\qquad x = \dfrac{(A)_{d. \text{ de } k}}{1 + 0,04 (A)}$    (15).

### 27. RENTES VIAGÈRES AVEC ARRÉRAGES AU DÉCÈS.

Une rente viagère peut être payable avec arrérages au décès, c'est-à-dire que la Compagnie s'engage à payer aux ayants droit du rentier décédé les arrérages dus depuis le payement de la dernière rente jusqu'au moment du décès.

Le rentier pouvant mourir plus ou moins tard dans l'année, on doit considérer pour le calcul de la prime les arrérages comme se montant en moyenne à une demi-rente, par ex. à $1/2$ fr., si la rente est de $1$ fr. et payable annuellement. Assurer dans ce cas le payement des arrérages, c'est donc pour la Compagnie assurer le payement d'un capital de $1/2$ fr. payable après le décès de l'assuré, mais seulement à partir du moment où la rente est due.

### 28. PRIX D'UNE RENTE VIAGÈRE IMMÉDIATE DE $1$ fr. *avec arrérages au décès.* Dans ce cas la Compagnie assure en plus, et immédiatement, en moyenne $1/2$ fr. payable après décès. Le prix de la rente doit donc être augmenté de $1/2 (D)$ (n° 18). Le prix total est $\quad (A) + 1/2 (D)$.   (16).

### 29. RENTE VIAGÈRE DIFFÉRÉE DE $k$ ANNÉES *avec arrérages au décès.* Dans ce cas, le capital $1/2$ fr. assuré après décès n'est payable qu'après les $k$ premières années écoulées.

C'est comme si la Compagnie supprimait, dans le cas précédent, l'assurance du capital payable après décès pendant les $k$ premières années. L'assurance en cas de décès qu'elle fait dans le cas actuel est donc égale à l'assurance pour la vie entière (depuis le jour de l'assurance), moins l'assurance temporaire pour $k$ années du capital 1/2 fr. payable après décès.

Cette assurance vaut donc $(D) - 1/2\,(D)_{t.\,\mathrm{p}^t k}$.

Une rente viagère de 1 fr. différée de $k$ années avec arrérages au décès vaut donc

$$(A)_{d.\,\mathrm{de}\,k} + 1/2\,(D) - 1/2\,(D)_{t.\,\mathrm{p}^t k}. \qquad (17)$$

# Assurances sur deux têtes.

**30. Notations.** Nous désignerons généralement l'une des têtes assurées par A, l'autre par B. Nous continuerons à nous servir, pour ce qui concerne la tête A, des notations indiquées n° 10. et nous emploierons pour la tête B des notations tout à fait analogues, la lettre $b$ ou B, avec ou sans indice, remplaçant la lettre $a$ ou A.

Nous désignerons de plus par (AB) la valeur au comptant (prime unique) d'une annuité de 1 fr., payable jusqu'au premier décès, assurée sur deux têtes A et B.,

**31. Méthode générale.**

Pour calculer le prix moyen d'une assurance quelconque faite sur deux têtes A et B, on cherche le nombre des vivants de la table de mortalité à l'âge de A, soit $a$, puis le nombre des vivants à l'âge de B, soit $b$. Cela fait, on considère $a \times b$ groupes de deux têtes A et B qu'on suppose tous assurés à la fois par la Compagnie pour la même assurance en question.

Cet assemblage de $a \times b$ groupes se compose comme il suit : Une 1<sup>re</sup> tête A du groupe $a$ de la table, associée successivement aux $b$ têtes B, prises une à une, forme avec celles-ci $b$ groupes de deux têtes (qui diffèrent entre eux par la tête B). Une 2<sup>e</sup> tête A du groupe $a$, associée de même aux $b$ têtes B, prises une à une, forme $b$ nouveaux groupes de deux têtes qui diffèrent entre eux par la tête B et des précédents par la tête A. Ainsi de suite. Chacune des têtes du groupe $a$ ayant été ainsi associée aux $b$ têtes B, prises une à une, on a formé $a$ fois $b$ ou $b \times a$ groupes de deux têtes A et B.

Supposons que la tête A soit âgée de 34 ans, B de 25 ans, et que la table de mortalité employée soit celle de Deparcieux. Dans ce cas $a = 702$, $b = 774$, et le nombre des groupes de deux têtes considérés est $702 \times 774$.

*Cet assemblage de $702 \times 774$ assurances convient précisément pour calculer le prix moyen au comptant d'une assurance quelconque faite sur les deux têtes en question A et B.*

En effet, il s'agit de calculer le prix moyen des assurances de valeurs réelles diverses qui peuvent être faites sur deux têtes A et B, âgées l'une de 34 ans, l'autre de 25 ans le jour de l'assurance. La valeur d'une de ces assurances dépend à la fois de ce qui arrivera à A et de ce qui arrivera à B. La tête A peut mourir, 1° dans la 1re année de l'engagement, ou 2° dans la 2e année, ou 3° dans la 3e année, etc. Toutes ces chances de la tête A âgée aujourd'hui de 34 ans sont représentées dans le groupe de 702 vivants de 34 ans donné par la table, et elles y sont représentées en nombres respectivement convenables comme il a été expliqué n° 12. Les chances de la tête B âgée aujourd'hui de 25 ans sont représentées de même dans le groupe des 774 vivants de 25 ans; ces deux nombres sont donc bien choisis.

En second lieu, le 1er des 702 vivants de 34 ans peut être associé aux 774 vivants de 25 ans, pris un à un, et les groupes ainsi formés ont des chances généralement diverses. Il faut considérer les assurances de tous ces groupes, puisque le groupe présenté peut être l'un quelconque d'entre eux. Pour la même raison, il faut considérer les assurances de tous les groupes formés d'une 2e tête A associée aux 774 têtes B, prises une à une. Ainsi de suite. Il faut donc pour établir le prix moyen considérer les $774 \times 702$ assurances des groupes formés comme nous l'avons indiqué, et, en le faisant, on considère toutes les assurances de valeurs réelles diverses possibles dans le cas proposé en nombres respectivement convenables (*).

**32.** A la fin d'une année quelconque de l'engagement un des groupes primitifs de deux têtes A et B ne peut se trouver que dans l'une des quatre situations suivantes : 1° Il est encore complet; 2° la tête A survit seule ; 3° la tête B survit seule ; 4° le groupe est éteint. Les conditions d'une assurance quelconque sur deux têtes ne peuvent être établies année par année, que d'après ces seuls cas possibles.   On sait par le contrat ce qui doit être reçu ou payé dans ces 4 cas par la Compagnie à la fin de chaque année pour le groupe assuré.  Les payements qu'elle doit faire à l'ensemble des bénéficiaires des $a \times b$ assurances seront donc connus pour la fin d'une année quelconque de l'engagement, si on connaît pour cette année les nombres exacts des groupes considérés qui seront respectivement dans les quatre situations indiquées.  Or on calcule très-aisément ces nombres de groupes d'après la table de mortalité. Il suffit d'appliquer les principes suivants.

**33.** Nous savons ce que désignent $a$, $b$, $a_n$ et $b_n$ (n°° 11 et 26). A la fin de la $n^{ième}$ année de l'engagement :

1° *Le nombre des survivants du groupe* a *est* $a_n$; *le nombre des morts est donc* a $— a_n$.

2° *Le nombre des survivants du groupe* b *est* $b_n$; *le nombre des morts est donc* b $— b_n$ (*).

---

(*) Les assurances diverses des groupes qui ne diffèrent entre eux que par la tête B sont comprises, comme cela doit être, dans notre assemblage en nombres proportionnels aux nombres d'individus âgés de 25 ans le jour de l'assurance qui meurent dans les diverses années de l'engagement. La condition analogue est remplie pour les assurances diverses des groupes qui ne diffèrent entre eux que par la tête A.

(*) Les nombres $a$, $a_1$, $a_2$, $a_3$, ..., $a_n$, et les nombres $b$, $b_1$, $b_2$, $b_3$, ..., $b_n$, sont donnés par la table de mortalité (n°° 10 et 30). Les nombres de morts $a — a_n$, $b — b_n$ se calculent donc très-aisément à l'aide de cette table.

3° *Le nombre des groupes encore complets est* $a_n \times b_n$.

4° *Le nombre des têtes* A, *survivant seules, est* $a_n(b - b_n)$ $= a_n b - a_n b_n$.

5° *Le nombre des têtes* B *qui survivent seules est* $b_n(a - a_n) = a.b_n - a_n b_n$.

6° *Le nombre des groupes éteints par le décès des deux têtes* A *et* B *est* $(a - a_n) \times (b - b_n)$.

DÉMONSTRATION de 3°. Le 1ᵉʳ des $a_n$ survivants (A) ayant été associé à tous les individus (B) du groupe primitif $b$, pris un à un, se trouve encore associé aux $b_n$ survivants de ce groupe, et forme avec eux $b_n$ groupes encore complets. Le second des $a_n$ survivants (A) forme de même avec les $b_n$ survivants (B), $b_n$ groupes encore complets. Ainsi de suite. En considérant ainsi les $a_n$ survivants (A), on compte en tout $a_n$ fois $b_n$ ou $b_n \times a_n$ groupes encore complets. Il n'y en a pas d'autres ; car un pareil groupe ne peut être formé que d'un des $a_n$ survivants (A) et d'un des $b_n$ survivants (B).

DÉMONSTRATION de 4°. Le 1ᵉʳ des $a_n$ survivants A ayant été associé à tous les individus (B) du groupe primitif $b$, a été associé aux $b - b_n$ individus de ce groupe qui sont morts depuis le jour de l'assurance ; il a formé avec eux $b - b_n$ groupes de deux têtes réduits aujourd'hui à lui seul, c'est-à-dire, à la tête (A). Pour le 2ᵉ survivant (A), on compte de même $b - b_n$ groupes réduits de même. Ainsi de suite ; en tout, $a_n$ fois $b - b_n = (b - b_n) \times a_n$.

5° Se démontre comme 4°.

6° On démontre 6° comme 3° en considérant les morts au lieu des vivants.

34. Ayant calculé à l'aide de la table de mortalité les nombres 1°, 2°, 3°, etc., on sait, comme nous l'avons annoncé n° 32, la quotité et l'époque précises de chacun des payements que la Compagnie aura à faire à l'ensemble des bénéficiaires des $ab$ assurances ; on peut donc

calculer la somme à demander pour assurer chaque payement. En additionnant, on a le prix total des $ab$ assurances, d'où on déduit le prix moyen de l'assurance d'un groupe isolé.

Nous allons, en nous fondant sur les considérations générales qui précèdent, traiter les divers cas pratiques de l'assurance sur deux têtes.

ASSURANCE D'UNE ANNUITÉ DE 1 FR. SUR DEUX TÊTES A ET B PAYABLE JUSQU'AU PREMIER DÉCÈS.

**35.** *Calculer le prix au comptant* (prime unique).

L'annuité se paye tant que le groupe est complet.

Soit $x$ la prime cherchée. On cherche dans la table de mortalité le nombre des vivants aux âges de A et de B (le jour de l'assurance); soient $a$ et $b$. On considère $a \times b$ groupes de deux têtes (*A* et *B*) composés comme il a été expliqué n° 31, et on suppose ces $ab$ groupes assurés à la fois pour l'assurance en question; le prix des $ab$ assurances est $ab.\ x$.

La Compagnie, qui cesse de payer au premier décès, payera à la fin de chaque année de l'engagement 1 fr. à chaque groupe encore complet. Le nombre de ces groupes à la fin de la $n^{ième}$ année est $a_n\ b_n$ (n° 33, 3°); la Compagnie payera donc à la fin de cette année $a_n\ b_n$ fr. Pour assurer ce payement elle doit faire payer à l'ensemble des contractants des $ab$ assurances $\dfrac{a_n.\ b_n \text{ fr.}}{(1,04)^n}$. Ceci est une formule; pour avoir toutes les primes partielles collectives, d'année en année, il suffit évidemment de donner à $n$ toutes les valeurs possibles 1, 2, 3..., (jusqu'à la dernière année de l'engagement). Puis on additionne.

Le prix des $ab$ assurances est donc :

$$a.b.x = \frac{a_1 b_1}{1,04} + \frac{a_2 b_2}{(1,04)^2} + \frac{a_3 b_3}{(1,04)^3} + \cdots + \frac{a_{l-1}\ b_{l-1}}{(1,04)^{l-1}}$$

d'où le prix moyen

$$x \text{ ou } (AB) = \frac{1}{ab}\left[\frac{a_1 b_1}{1,04} + \frac{a_2 b_2}{(1,04)^2} + \cdots + \frac{a_{l-1} b_{l-1}}{(1,04)^{l-1}}\right] \quad (18).$$

**36. ANNUITÉ DE 1 FR. DIFFÉRÉE DE $k$ ANNÉES ASSURÉE SUR DEUX TÊTES A ET B, PAYABLE JUSQU'AU 1$^{er}$ DÉCÈS.**

*Trouver le prix moyen au comptant (prime unique).*

On raisonne comme dans le cas précédent. La Compagnie ne commence à payer qu'à la fin de la $(k+1)^{ième}$ année. Il suffit donc de donner à $n$ les valeurs $k+1$, $k+2$, etc.

$$(AB)_{\text{d. de } k} = \frac{1}{ab}\left[\frac{a_{k+1} b_{k+1}}{(1,04)^{k+1}} + \cdots + \frac{a_{l-1} b_{l-1}}{(1,04)^{l-1}}\right]. \quad (19)$$

**37. ANNUITÉ VIAGÈRE TEMPORAIRE POUR $k$ ANNÉES.**

On démontre comme au n° 14, que

$$(AB)_{\text{t. p. } k} = (AB) - (AB)_{\text{d. de } k}.$$

**38. ASSURANCE D'UN CAPITAL DE 1 FR. DIFFÉRÉ DE $k$ ANNÉES ASSURÉ SUR DEUX TÊTES A ET B PAYABLE SEULEMENT EN CAS DE VIE DES DEUX TÊTES.**

*Trouver le prix moyen au comptant (prime unique).*

On raisonne comme dans le cas précédent. La Compagnie ne paye qu'une fois à la fin de la $k^{ième}$ année, et seulement aux groupes demeurés complets. Le nombre de ces groupes sera alors $a_k . b_k$. La Compagnie aura à payer $a_k b_k$ fr. dans $k$ années; elle doit donc demander pour les $a . b$ assurances $\frac{a_k . b_k}{(1,04)^k}$ fr. et pour une seule

$$\frac{1}{ab} . \frac{a_k . b_k}{(1,04)^k} \quad (20),$$

**39. ASSURANCE D'UN CAPITAL DE 1 FR. DIFFÉRÉ DE**

$k$ ANNÉES SUR DEUX TÊTES A ET B PAYABLE EN CAS DE SURVIE DES DEUX TÊTES OU D'UNE SEULE.

Si le groupe est éteint à la fin de la $k^{ième}$ année, la prime est acquise à la Compagnie qui n'a rien à payer.

On considère comme dans les cas précédents un assemblage de $a \times b$ assurances. La Compagnie doit payer 1 fr. à la fin de la $k^{ième}$ année à chaque groupe non éteint. Il reste alors $a_k . b_k$ groupes complets, $a_k b - a_k b_k$ têtes A isolées, et $ab_k - a_k b_k$ têtes B isolées (n° 33, 3°, 4° et 5°). Additionnons ces trois nombres; la somme est $a_k b + ab_k - a_k b_k$. La Compagnie aura donc à payer en tout pour les $a \times b$ assurances, $(a_k b + ab_k - a_k b_k)$ fr. On divise par $(1,04)^k$ pour avoir la somme à demander aux $ab$ groupes, puis par $ab$ pour avoir le prix moyen. On trouve ainsi le prix moyen

$$x = \frac{1}{(1,04)^k} \times \left[ \frac{a_k}{a} + \frac{b_k}{b} - \frac{a_k b_k}{ab} \right]. \qquad (21)$$

Ce prix est composé de trois prix connus (n°ˢ 15 et 38).

**40. ANNUITÉ DE 1 FR. PAYABLE JUSQU'AU DERNIER DÉCÈS DE DEUX TÊTES A ET B.**

*Calculer le prix au comptant de cette annuité (prime unique).*

L'annuité se paye tant que le groupe assuré n'est pas complétement éteint.

Soit $x$ le prix demandé. On cherche dans la table les nombres de vivants, aux âges respectifs de A et B; soient $a$ et $b$. Puis on considère $a \times b$ groupes de deux têtes A et B, composés comme il a été expliqué n° 31, assurés à la fois pour l'objet en question; *la prime collective est* a.b.x.

La Compagnie paye 1 fr. à la fin de chaque année à chaque groupe qui n'est pas éteint. A la fin de la $n^{ième}$ année elle payera donc 1 fr.

1° à chacun des $a_n \times b_n$ groupes encore complets,
2° à chacune des têtes isolées (A) qui sont au

nombre de $a_n b - a_n b_n$;   3° à chacune des têtes isolées (B) qui sont au nombre de $ab_n - a_n b_n$ (n° 33). *Total* $(a_n b + ab_n - a_n b_n)$ fr.   Pour assurer ce payement la Compagnie fera payer à l'ensemble des contractants des $ab$ assurances, $\dfrac{a_n b + ab_n - a_n b_n}{(1,04)^n}$; c'est la *nième* prime collective partielle. Comme il faudra diviser par $ab$, le *nième* terme du prix moyen cherché sera

$$\frac{1}{ab} \times \frac{a_n b + ab_n - a_n b_n}{(1,04)^n} = \frac{1}{a}\frac{a_n}{(1,04)^n} + \frac{1}{b}\frac{b_n}{(1,04)^n} - \frac{a_n b_n}{ab(1,04)^n}.$$

Pour avoir le prix moyen développé, il suffit de faire, dans cette formule, $n = 1$, $n = 2$, $n = 3$, etc., jusqu'à la dernière année de l'*engagement* du groupe, puis d'additionner les résultats. On fait cela en mettant sur trois lignes horizontales 1° les termes qui ont $\dfrac{1}{a}$ pour facteur commun; 2° ceux qui ont $\dfrac{1}{b}$; 3° ceux qui ont $\dfrac{1}{ab}$. On trouve ainsi le prix moyen

$$x = \frac{1}{a}\left[\frac{a_1}{1,04} + \frac{a_2}{(1,04)^2} + \frac{a_3}{(1,04)^3} + \dots\right].$$

$$+ \frac{1}{b}\left[\frac{b_1}{1,04} + \frac{b_2}{(1,04)^3} + \frac{b_8}{(1,04)^3} + \dots\right],$$

$$- \frac{1}{ab}\left[\frac{a_1 b_1}{1,04} + \frac{a_2 b_2}{1,04} + \frac{a_3 b_3}{(1,04)^3} + \dots\right].$$

Chaque ligne représente la valeur d'une annuité connue. La $1^{re}$ est la valeur de l'annuité viagère de 1 fr. assurée sur la tête A seule (n° 10, form. 2); la $2^e$ idem sur la tête B seule. La $3^e$, la valeur de l'annuité de 1 fr. assurée sur deux têtes A et B, payable jusqu'au premier décès seulement (n° 35, form. 18).

Donc            $x = (A) + (B) - (AB).$          (22)

**40** *bis.* REMARQUE. Quand on trouvera comme dans le cas précédent $\dfrac{1}{a} \times \dfrac{a_n}{(1,04)^n}$ dans la partie de prix moyen qui correspond à la $n^{\text{ième}}$ année de l'engagement, et qu'il faudra donner à $n$ les valeurs 1, 2, 3, ..., jusqu'à la limite de la table de mortalité, on pourra remplacer immédiatement et sans les écrire, tous les termes résultants par l'annuité viagère (A). On mettra de même (B) ou (AB) si on trouve $\dfrac{1}{b} \times \dfrac{b_n}{(1,04)^n}$ et $\dfrac{1}{ab} \times \dfrac{a_n\,b_n}{(1,04)^n}$.

**41.** ANNUITÉ DE 1 FR. PAYABLE JUSQU'AU 1ᵉʳ DÉCÈS AVEC RÉVERSIBILITÉ DE LA MOITIÉ SEULEMENT DE L'ANNUITÉ SUR LE DERNIER VIVANT.

*Trouver le prix moyen au comptant* (prime unique).

Soit $x$ le prix cherché. On cherche dans la table, etc., comme au n° 35; la prime collective est $a \times b \cdot x$.

La Compagnie paye à la fin de chaque année 1 fr. à chaque groupe encore complet et 1/2 fr. à chacune des têtes isolées A ou B. A la fin de la $n^{\text{ième}}$ année la Compagnie payera (d'après le n° 33, 3°, 4°, 5°) :

$$1° \; a_n b_n \text{ fr.} \; ; \quad 2° \; \frac{1}{2}\left(a_n b - \frac{1}{2} a_n b_n\right); \quad 3° \frac{1}{2}\left(\frac{1}{2} a b_n - \frac{1}{2} a_n b_n.\right) \text{ fr.}$$

Total : $\dfrac{1}{2}(a_n b + a b_n)$ fr. Pour assurer ce payement, elle demandera collectivement une prime partielle $\dfrac{1}{2} \dfrac{a_n b + a b_n}{(1,04)^n}$.

Pour composer le prix moyen, on divise par $ab$. Le $n^{\text{ième}}$ terme de ce prix moyen sera donc

$$\frac{1}{2}\frac{1}{ab} \times \frac{a_n b + a b_n}{(1,04)^n} = \frac{1}{2}\frac{1}{a}\cdot\frac{a_n}{(1,04)^n} + \frac{1}{2}\frac{1}{b}\frac{b_n}{(1,04)^n}.$$

Pour avoir les termes de ce prix moyen, on fera successivement $n = 1$, $n = 2$, $n = 3$, etc., et on rangera tous les termes sur deux lignes horizontales comme précédemment. On trouve aisément ainsi (n° 40 *bis*)

$$x = \frac{1}{2}(A) + \frac{1}{2}(B). \tag{23}$$

**4.**

Cette annuité est la somme de deux annuités d'un demi-franc assurées, l'une sur la tête A, l'autre sur la tête B. C'est ce qu'on pouvait trouver tout de suite *à priori*.

En effet, tant que le couple est complet, l'annuité étant payée entière, on peut considérer les têtes A et B comme recevant chacune 1/2 fr. chaque année. L'une des têtes vient à mourir ; celle-là a touché l'annuité 1/2 fr. jusqu'à sa mort. Mais l'autre continue à la toucher également jusqu'à sa mort. Par suite, tout se passe comme si l'on avait fait assurer une annuité viagère immédiate (vie entière) de 1/2 fr. sur chacune des têtes A et B.

**42.** Annuité viagère de 1 fr. payable jusqu'au 1er décès avec réversibilité des 3/4 sur la tête A, et de la moitié sur la tête B. Trouver le prix au comptant (prime unique).

On raisonne d'abord comme dans les deux cas précédents. La Compagnie paye à la fin de chaque année 1 fr. à chaque couple encore complet, 3/4 fr. à chaque tête A survivant seule, 1/2 fr. à chaque tête B survivant seule. A la fin de la $n^{\text{ième}}$ année, elle aura donc à payer 1° $a_n b_n$ fr. ;

2° $3/4\ a_n\, b - \dfrac{3}{4}\, a_n\, b_n$ ;  3° $1/2\ ab_n - \dfrac{1}{2}\, a_n\, b_n$  (d'après

3°, 4°, 5° du n° 33). Total : $\dfrac{3}{4}\, a_n\, b + 1/2\ ab_n - 1/4\ a_n\, b_n$.

En divisant par $(1,04)^n$, puis par $ab$, en remplaçant $n$ par 1, 2, 3,..., etc., et en disposant les termes obtenus comme dans les deux cas précédents, on trouve (n° 40 *bis*),

le prix moyen    $x = 3/4\,(A) + 1/2\,(B) - 1/4\,(AB)$.    (24)

## Assurances de survie.

**43.** L'assurance de survie est un contrat par lequel la Compagnie s'engage à payer une rente viagère ou un capital après le décès d'une personne désignée B, mais seulement dans le cas où une autre personne désignée A survivrait à B. La rente viagère (si c'est une rente) est donc assurée conditionnellement sur la tête A. Si A meurt avant B, la prime est acquise à la Compagnie qui n'a rien à payer.

Cette assurance se fait moyennant une prime unique ou une prime annuelle payée jusqu'au premier décès.

### 44. ASSURANCE D'UNE RENTE EN CAS DE SURVIE.

*Calculer le prix au comptant d'une annuité viagère assurée sur une tête A, mais payable seulement après le décès d'une autre tête désignée B (prime unique).*

Soit $x$ le prix demandé. On cherche dans la table les nombres de vivants aux âges respectifs de A et de B; soient $a$ et $b$. On suppose $a \times b$ groupes de deux têtes A et B, formés comme il a été expliqué n° 31, assurés tous pour l'objet en question; la prime collective est $a \times b \cdot x$. La Compagnie paye à la fin de chaque année 1 fr. à chaque tête A survivant seule. A la fin de la $n^{\text{ième}}$ année, elle aura donc à payer $a_n b - a_n b_n$ (n° 33, 4°). Elle doit donc, pour assurer ce payement, faire payer aux $a \times b$ contractants, $\dfrac{a_n b - a_n b_n}{(1{,}04)^n}$ : c'est le $n^{\text{ième}}$ terme de la prime collective totale. Le $n^{\text{ième}}$ terme du prix moyen cherché sera

$$\frac{1}{ab} \cdot \frac{a_n b - a_n b_n}{(1{,}04)^n} = \frac{1}{a} \frac{a_n}{(1{,}04)^n} - \frac{1}{ab} \frac{a_n b_n}{(1{,}04)^n}.$$

En donnant à $n$ les valeurs 1, 2, 3,..., et classant les résultats sur deux lignes horizontales comme dans les cas précédents, on trouve aisément (n° 40 *bis*) le prix

moyen $$x = (A) - (AB). \tag{25}$$

*Une annuité de 1 fr., payable en cas de survie de la tête A est donc égale à une annuité viagère de 1 fr. assurée sur la tête A, moins une annuité de 1 fr. assurée sur les deux têtes A et B payable jusqu'au premier décès.*

Rente de 1 fr. payable a partir du premier décès au survivant A ou B, quel qu'il soit.

Dans ce cas, la Compagnie paye à chacune des têtes isolées A ou B (voy. n° 33, 4° et 5°); on trouve de la même manière que dans le cas précédent

$$x = (A) + (B) - 2(AB). \qquad (25\ bis)$$

**45. Assurance d'un capital en cas de survie.**

**Problème.** *Trouver le prix moyen au comptant d'un capital de 1 fr. payable aussitôt après le décès d'une personne désignée* B, *mais dans le cas seulement où une autre personne désignée* A *survivrait à* B (prime unique).

Si A meurt avant B, l'engagement est terminé; la prime est acquise à la Compagnie qui n'a rien à payer.

Soit $x$ le prix demandé. On cherche dans la table les nombres de vivants aux âges respectifs de A et de B; soient $a$ et $b$. On considère $a \times b$ groupes de deux têtes A et B, formés comme il a été expliqué n° 31, assurés chacun pour l'objet en question; la prime collective sera $ab . x$.

La Compagnie doit payer à la fin de la $n^{\text{ième}}$ année :
1° 1 fr. pour chaque groupe ayant perdu la tête B seule durant l'année; 2° pour chaque groupe ayant perdu A et B dans l'année, mais B avant A.

Soient $a'_n$ et $b'_n$ les nombres de têtes A et B mortes dans la $n^{\text{ième}}$ année; $a'_n = a_{n-1} - a_n$. En effet, s'il y avait $a_{n-1}$ survivants à la fin de la $(n-1)^{\text{ième}}$ année, et s'il n'y en a plus que $a_n$ à la fin de la $n^{\text{ième}}$, c'est qu'il est mort $a_{n-1} - a_n$ de ces individus pendant la $n^{\text{ième}}$ année. De même $b'_n = b_{n-1} - b_n$. La table donne les nombres $a_{n-1}$, $a_n$, $b_{n-1}$, $b_n$, et par suite $a'_n$ et $b'_n$ (n° 33).

Le nombre de groupes de deux têtes qui ont perdu la tête B dans la $n^{\text{ième}}$ année et conservé A est $a_n b'_n$ (*). A

---

(*) Un 1ᵉʳ individu des $a_n$ survivants A était associé avec les $b'_n$ individus B morts dans l'année, pris un à un; il formait avec eux $b'_n$ groupes de deux têtes, qui ont perdu la tête B dans l'année,

raison de 1 fr. pour chacun, la Compagnie doit payer pour tous ces groupes $a_n \cdot b'_n$ fr.

Le nombre des groupes qui ont perdu la tête A et la tête B dans la $n^{\text{ième}}$ année est $a'_n \times b'_n$ (*). Mais la Compagnie ne paye que pour les groupes qui ont perdu la tête B la première. On connaît bien ces groupes à la fin de la $n^{\text{ième}}$ année; mais on ne sait pas d'avance leur nombre le jour de l'assurance. Vu cette indétermination, on suppose par approximation, et pour plus de simplicité, qu'il y aura moitié de ces groupes perdant la tête B la première, moitié perdant la tête A idem; de sorte que la Compagnie aura à payer pour les premiers seulement $1/2\ a'_n b'_n$ (**).

La Compagnie aura donc à payer en tout à la fin de la $n^{\text{ième}}$ année pour les $a \times b$ assurances $a_n b'_n + 1/2\ a'_n b'_n$.

---

et conservé A. Chacun des $a_n$ individus A formait $b'_n$ groupes ainsi réduits. Le total de ces groupes est donc $a_n$ fois $b'_n$, ou $b'_n \cdot a'_n$.

(*) La $1^{\text{re}}$ des $a'_n$ têtes A mortes dans l'année a été associée aux $b'_n$ têtes B également mortes dans l'année, prises une à une; elle formait avec elles $b'_n$ groupes qui ont perdu les têtes A et B dans cette même année. Pour chacun des $a'_n$ morts A, il y a $b'_n$ groupes qui ont perdu les têtes A et B dans cette même année. Il y a donc en tout $a'_n$ fois $b'_n$ ou $b'_n \times a'_n$ groupes qui ont perdu A et B dans la $n^{\text{ième}}$ année.

(**) Cette proportion (moitié de l'un, moitié de l'autre) n'est pas juste évidemment quand les têtes A et B sont d'âges notablement différents. Il serait plus exact, suivant nous, de partager le produit $a'_n b'_n$ dans le rapport de $a'_n$ à $b'_n$, et de prendre la partie qui correspond à $b'_n$, c'est-à-dire $a'_n b'_n \times \dfrac{b'_n}{a'_n + b'_n}$. En effet, si dans une année il meurt 7 têtes A et 5 têtes B, et dans ce cas $a'_n b'_n = 8 \times 5 = 40$, il est naturel de supposer que le nombre des prédécès des têtes A et le nombre de prédécès des têtes B seront dans le rapport de 7 à 5. Il convient donc de partager 40 dans ce rapport, et de supposer le nombre des prédécès des têtes B égal à $\dfrac{40 \times 5}{7 + 5}$.

Pour assurer ce payement, elle demandera donc comptant aux $ab$ contractants, $\dfrac{a_n b'_n + 1/2\, a'_n b'_n}{(1,04)^n}$.

Le $n^{ième}$ terme de la prime moyenne doit donc être $\dfrac{1}{ab} \cdot \dfrac{a_n b'_n + 1/2\, a'_n b'_n}{(1,04)^n}$. D'après cela, il n'y a plus pour avoir la formule de la prime moyenne, qu'à remplacer dans cette expression successivement $n$ par $1, 2, 3, 4, \ldots\ldots$ jusqu'à la limite de la table, puis à additionner les termes ainsi obtenus

$$x = \frac{1}{ab}\left[\frac{a_1 b'_1}{1,04} + \frac{a_2 b'_2}{(1,04)^2} + \frac{a_3 b'_3}{(1,04)^3} + \ldots\ldots\right],$$
$$+ \frac{1}{2ab}\left[\frac{a'_1 b'_1}{1,04} + \frac{a'_2 b'_2}{(1,04)^2} + \frac{a'_3 b_3'}{(1,04)^3} + \ldots\ldots\right]. \qquad (26)$$

## Assurances sur deux têtes à primes annuelles.

**46.** Tout ce qui a été dit nº 24 au sujet des primes annuelles pour l'assurance sur une tête, s'applique mot pour mot à l'assurance sur deux têtes. Si donc AB désigne le prix au comptant d'une annuité viagère de 1 fr. (temporaire ou à vie entière) assurée sur deux têtes A et B, les primes annuelles et viagères de 1 fr., à payer éventuellement pendant le même temps, valent au comptant le jour de l'assurance, la $1^{re}$ prime comprise,

$$1 + AB.$$

Si la prime annuelle est $x$ fr., la valeur de toutes les primes au comptant est

$$(1 + AB) \times x. \qquad (9\ bis).$$

**47.** PROBLÈME. *Trouver la prime annuelle à payer d'a-*

*vance au commencement des* k + 1 *premières années de l'engagement pour assurer sur deux têtes* A *et* B *une annuité de* 1 *fr. différée de* k *années et payable jusqu'au premier décès seulement.*

Soit $x$ la prime demandée. La première prime exceptée, on paye les $k$ suivantes à la fin des $k$ premières années de l'engagement.

La valeur au comptant de toutes les primes est donc évidemment

$$[1 + (AB)_{t. p. k}] \times x.$$

Cette valeur devant payer l'assurance qui vaut $(AB)_{d. de k.}$, on a l'égalité

$$[1 + (AB)_{t. p. k.}] \times x = (AB)_{d. de k.};$$

d'où
$$x = \frac{(AB)_{d. de k}}{1 + (AB)_{t. p. k}}. \qquad (27)$$

**48.** PROBLÈME. *Calculer la même prime annuelle pour le cas ou l'annuité différée serait payable jusqu'au dernier décès, et la prime* k + 1 *fois seulement en cas de survie des deux têtes* A *et* B, *ou d'une seule.*

Dans ce cas, les primes annuelles, la 1re exceptée, équivalent à une annuité *temporaire* assurée pendant $k$ années sur deux têtes A et B, jusqu'au dernier décès. Les primes annuelles de $x$ fr. chacune valent donc ensemble au comptant

$$[1 + (A)_{t. p. k.} + (B)_{t. p. k.} - (AB)_{t. p. k.}] \times x.$$

On connaît le prix de l'annuité viagère différée (d'après le n° 13 et le raisonnement du n° 40). La prime annuelle

$$x = \frac{(A)_{d. de k.} + (B)_{d. de k.} - (AB)_{d. de k.}}{(A)_{t. p. k.} + (B)_{t. p. k.} - (AB)_{t. p. k.}} \qquad (28)$$

**4.9** ASSURANCE D'UNE RENTE OU D'UN CAPITAL DE SURVIE A PRIME ANNUELLE.

PROBLÈME. *Calculer la prime annuelle à payer jusqu'au premier décès des deux têtes* A *et* B *pour assurer une annuité de* 1 *fr. payable à la tête* A *si elle survit à la tête* B.

(Il est évident que la prime, dans ce cas, doit être généralement payée jusqu'au moment où la question du payement ou du non-payement de l'annuité est decidée par le 1ᵉʳ décès.)

Toutes les primes annuelles ont donc pour valeur au comptant $[1 + (AB)] \times x$. L'assurance de l'annuité de survie a elle-même pour valeur *au comptant* payable à la Compagnie $(A) - (AB)$. L'une ces valeurs devant payer l'autre

$$[1 + (AB)] \times x = (A) - (AB) ; \text{donc} \; x = \frac{(A) - (AB)}{1 + (AB)}. \quad (29)$$

On trouve de même la prime annuelle dans le cas d'un capital payable en cas de survie.

### ETABLISSEMENT DES TARIFS.

#### *(Calcul abrégé des primes d'assurances.)*

**50.** L'établissement d'un tarif de primes n'est pas un travail aussi long qu'on pourrait le croire au premier abord parce que les primes se déduisent en général aisément et assez promptement les unes des autres.

Comme on a pu le voir, presque tous les prix d'assurances usuelles se déduisent des prix de rentes viagères immédiates (vie entière). De sorte qu'un tarif de ces rentes viagères établi d'après la table de mortalité employée sert à établir les autres tarifs aisément et assez promptement.

D'un autre côté, il existe entre les prix d'une rente viagère immédiate pour deux âges consécutifs de l'assuré une relation très-simple qui permet de déduire aisément l'un de ces prix de l'autre déjà calculé (n° 52).

On calcule d'abord le prix de la rente pour l'assuré de l'âge le plus élevé possible, puis on déduit les autres prix de celui-là consécutivement, d'âge en âge (n° 53).

**51.** Ayant à considérer et à comparer entre eux les prix à payer pour les âges successifs de l'assuré, nous ferons désormais ce que nous n'avons pas jusqu'ici jugé nécessaire. Nous indiquerons d'une manière explicite dans les formules suivantes l'âge de chaque assuré.

Nous désignerons par $(A_n)$ ou par $(B_n)$ le prix moyen au comptant d'une rente viagère immédiate de 1 fr. assurée sur une tête A ou B âgée de $n$ années que nous désignerons elle-même s'il y a lieu par $A_n$ ou par $B_n$ sans parenthèses.

Nous désignerons par $a_n$ ou par $b_n$ le nombre des vivants de la table employée à l'âge de $n$ années. (Ex. $a_{34}$ indiquera le nombre des vivants à l'âge de 34 ans.)

Il est très-facile d'écrire toutes les formules précédentes en faisant usage de ces nouvelles notations; il suffit, si l'assuré est âgé de $n$ années, d'y remplacer A par $A_n$, $a$ par $a_n$ et $a_k$ par $a_{n+k}$.

**52.** RENTES VIAGÈRES IMMÉDIATES DE 1 FR. (vie entière).

*Relation entre deux primes uniques consécutives* $(A_n)$ et $(A_{n+1})$.

Considérons pour plus de clarté dans la démonstration, la prime $(A_{34})$ à payer pour l'âge de 34 ans, et la prime $(A_{35})$ pour l'âge de 35 ans. Les nombres de vivants de la table pour ces deux âges sont $a_{34}$ et $a_{35}$. D'après le n° 9, la prime collective à payer pour $a_{34}$ assurés de l'âge de 34 ans

$$(A_{34}) \times a_{35} = \frac{a_{35}}{1,04} + \frac{a_{36}}{(1,04)^2} + \frac{a_{37}}{(1,04)^3} + \dots + \frac{a_{94}}{(1,04)^{60}}.$$

Pour l'âge de 35 ans,

$$(A_{35}) \times a_{35} = \frac{a_{36}}{1,04} + \frac{a_{37}}{(1,04)^2} + \frac{a_{38}}{(1,04)^3} + \dots + \frac{a_{94}}{(1,04)^{59}}.$$

Comparons ces deux primes. La $1^{re}$ contient d'abord $\frac{a_{35}}{1,04}$, plus une série de termes qui sont précisément les termes de la $2^e$ prime divisés *chacun* par 1,04 (vérifiez terme à terme). La $1^{re}$ prime collective est donc égale à $\frac{a_{35}}{1,04}$ + la $2^e$ prime divisée par 1,04

$$(A_{34}) \times a_{34} = \frac{a_{35}}{1,04} + \frac{(A_{35}) \times a_{35}}{1,04};$$

**D'où**

$$(A_{34}) \times a_{34} = \frac{a_{35}}{1,04} \times [1 + (A_{35})]; \quad \text{puis } (A_{34}) = \frac{a_{34}}{a_{35}} \times \frac{1 + (A_{35})}{1,04}.$$

Notre raisonnement est général ; nous pouvons donc convertir notre résultat en formule en remplaçant 34 par $n$, et 35 par $n+1$. On obtient ainsi

$$(A_n) = \frac{a_{n+1}}{a_n} \times \frac{1 + (A_{n+1})}{1,04}. \tag{30}$$

**53. APPLICATION.** Cette formule sert à calculer d'âge en âge les prix des rentes viagères immédiates (vie entière). On calcule d'abord $A_{93}$ directement d'après la form. (2), page 17.

$$(A_{93}) = \frac{1}{2} \times \frac{1}{1,04} = \frac{1}{2,08} = 0,4807.$$

A partir de là on applique la formule (30)

$$(A_{92}) = \frac{a_{93}}{a_{92}} \times \frac{1 + (A_{93})}{1,04} = \frac{2}{4} \times \frac{1 + 0,4807}{1,04} = 0,7119,$$

$$(A_{91}) = \frac{4}{7} \times \frac{1 + 0,7119}{1,04} = 0,9410.$$

Ainsi de suite, d'âge en âge en descendant.

**54.** **Observation importante.** Le tarif des Compagnies pour les rentes viagères immédiates (vie entière) indique pour chaque âge la rente payée pour 100 fr. versés par le contractant. On déduira aisément cette rente du prix de 1 fr. de rente.

Plusieurs Compagnies françaises ayant trouvé que la mortalité indiquée pour les âges avancés (à partir de 60 ans) par la table de Deparcieux est plus rapide que celle de leurs rentiers viagers, ont modifié en conséquence les prix de rentes viagères déduits de cette table pour ces derniers âges. De pareils changements peuvent et doivent se faire, mais avec toute garantie et d'après des faits de mortalité moyenne, constants et bien établis. Nous renouvelons ici notre vœu exprimé dans la note, page 14.

**55.** **Prix uniques de rentes viagères différées.**

*Ils se déduisent des prix de rentes viagères immédiates, vie entière, à l'aide de cette formule*

$$A_{n)d.\ de\ k} = \frac{a_{n+k}}{a_n} \times \frac{(A_{n+k})}{(1,04)^k}. \qquad (31)$$

**Démonstration.** Le prix collectif de $a_{34}$ rentes viagères différées de 15 ans assurées sur des têtes de 34 ans (n° 13).

$$a_{34} \times (A_{34})_{d.\ de\ 15} = \frac{a_{50}}{(1,04)^{16}} + \frac{a_{51}}{(1,04)^{17}} + \dots + \frac{a_{95}}{(1,04)^{60}}.$$

Le prix collectif de $a_{49}$ rentes viagères immédiates (vie entière) assurées sur des têtes de 49 ans (34 + 15).

$$a_{49} \times A_{49} = \frac{a_{50}}{1,04} + \frac{a_{51}}{(1,04)^2} + \dots + \frac{a_{94}}{(1,04)^{45}}.$$

Les termes du 1<sup>er</sup> prix sont ceux du 2<sup>e</sup> divisés par

$(1,04)^{15}$; donc

$$a_{34} \times (A_{34})_{\text{d. de 15}} = \frac{a_{49} \times A_{49}}{(1,04)^{15}};$$

d'où
$$(A_{34})_{\text{d. do 15}} = \frac{a_{49}}{a_{34}} \times \frac{(A_{49})}{(1,04)^{15}}.$$

On déduit de là la formule précédente (31), en remplaçant 34 par $n$, 15 par $k$; et 49 par $n+k$.

**55 *bis*.** D'après la form. (31) et la form. (5) appliquée à l'âge de $n$ années,

$$(A_n)_{\text{d. do }k} = (A_{n+k}) \times (C_n^{\text{al}})_{\text{d. de }k}. \qquad (31\ bis)$$

Le premier de ces trois prix peut donc se déduire des deux autres déjà calculés.

**56.** D'après la formule (4 *bis*), les prix des *rentes viagères temporaires* se déduisent des prix des deux rentes précédentes déjà calculées.

**57.** Les prix des CAPITAUX PAYABLES APRÈS DÉCÈS (*primes uniques*) se calculent à l'aide d'un tarif d'annuités viagères, établi d'après la table de Duvillard, d'après la formule du n° 18. (*Voy.* la remarque du n° 18.)

**58.** PRIX DES RENTES VIAGÈRES SUR DEUX TÊTES A ET B PAYABLES JUSQU'AU 1ᵉʳ DÉCÈS.

Ecrivez la prime collective d'après le n° 35, 1° pour $a_{34} b_{25}$ groupes de deux têtes, l'une de 34 ans, l'autre de 25 ans ; puis la même prime pour les âges de 35 ans et de 26 ans. Comparez ces deux primes comme nous avons comparé celles du n° 52. On arrive ainsi aisément de la même manière à cette relation

$$(A_n\ B_k) = \frac{a_{n+1}\ b_{k+1}}{a_n.\ b_k} \times \frac{(1+A_{n+1}\ B_{k+1})}{1,04} \qquad (32)$$

A l'aide de laquelle on calcule les primes uniques consécutives pour cette assurance quand les âges des deux assurés diffèrent du même nombre d'années.

On trouve de même une formule analogue pour *l'assurance d'un capital payable en cas de survie* (n° 49).

Les prix des rentes viagères différées sur deux têtes se déduisent des prix des rentes viagères immédiates d'après cette formule (qui se démontre comme la form. 31).

$$(A_n B_k)_{\text{d. de } p} = \frac{a_{n+p}\, b_{k+p}}{a_n\, b_k} \times \frac{(A_{n+p}\, B_{k+p})}{(1,04)^p}, \quad (32 \ bis)$$

**59.** Les prix des autres assurances non rappelées ici se déduisant très-simplement des prix d'annuités viagères d'après les formules que nous avons établies à leur sujet, nous n'avons pas à nous en occuper; on emploie ces formules telles qu'elles sont en y indiquant l'âge ou les âges pour établir les tarifs de ces primes.

TARIFS DE PRIMES ANNUELLES.

**60.** Les primes annuelles se déduisent des primes uniques, déjà calculées d'après les formules que nous avons établies en nous occupant de ces primes annuelles.

OBSERVATION GÉNÉRALE. Les annuités qui servent auxiliairement à établir les primes uniques ou annuelles d'assurances en cas de décès doivent être calculées d'après la table de mortalité spéciale pour ces assurances qui est en France la table de Duvillard.

CONCLUSION.

**61.** Nous croyons avoir justifié la proposition que nous avons énoncée en commençant : *le calcul des primes d'assurances sur la vie se fait d'après des principes rationnels, aussi régulièrement, et avec autant d'exactitude,* SI LES TABLES DE MORTALITÉ SONT EXACTES, *que les calculs d'intérêt ordinaires.*

Nous avons de plus montré que ce calcul n'est pas aussi long qu'il le paraît au premier abord et établi, pour toutes les combinaisons, des formules réellement pratiques.

# Questions et renseignements usuels complémentaires.

**62**. AGE DE L'ASSURÉ POUR LA COMPAGNIE. Pour plus de simplicité et de netteté dans nos explications, nous avons supposé chaque assuré âgé d'un nombre entier d'années, et les rentes payables par année. Or le plus souvent il n'en est pas ainsi dans la pratique.

On compte l'âge par *trimestres* pour le versement (de la prime), et par *années* pour l'entrée en jouissance (d'une rente), comme nous allons l'expliquer.

Pour le calcul de la prime unique ou annuelle à payer par un assuré, on compte le nombre des années de son âge et le nombre entier de trimestres excédant, en négligeant la fraction de trimestre complémentaire s'il s'agit d'un assuré en cas de vie, et en remplaçant cette fraction par un trimestre ajouté s'il s'agit d'un assuré en cas de décès. Ex. : Un assuré a 34 ans 7 mois 12 jours. Pour la Compagnie, il a 34 ans et 2 trimestres s'il s'agit d'une assurance en cas de vie, et 34 ans et 3 trimestres dans le cas contraire.

**63**. RENTES DIFFÉRÉES. L'entrée en jouissance se diffère en général d'un nombre entier d'années; ou bien elle se diffère jusqu'à un certain âge du rentier composé d'un nombre entier d'années.

**64**. ÉCHÉANCES DES RENTES. Elles se payent ordinairement par *trimestre* ou par *semestre*.

**65**. TABLES DE MORTALITÉ COMPLÉTÉES. Les choses se passant dans la pratique comme nous venons de le dire, le trimestre est l'unité de temps usuelle, et il faut, pour le calcul des primes, compléter la table de Deparcieux et celle de Duvillard, de manière que chacune d'elles contienne le nombre des survivants du groupe primitif (1286 ou 1000000) de trimestre en trimestre. On complète par des intercalations opérées comme il suit :

Pour compléter la table entre 35 et 36 ans, par exemple, on fait la différence des nombres de vivants à ces deux âges. Pour Deparcieux, c'est 694 — 686 = 8 ; pour Duvillard, c'est 404012 — 397123 = 6889. On divise cette différence par 4. Pour Deparcieux, le quotient est 2 sans reste ; pour Duvillard, c'est 1722, et il y a un reste 1. Pour Deparcieux, on soustrait 2, trois fois successivement, à partir de 694, et pour Duvillard, 1722, trois fois consécutivement, en partant de 404012. On trouve ainsi les nombres à intercaler.

|  | DEPARCIEUX. | DUVILLARD. |
|---|---|---|
| 35 ans 1 trimestre | 700 | 402290 |
| — 2 trimestres | 698 | 400568 |
| — 3 trimestres | 696 | 398846 |

Quand la division par 4 donne pour reste : 2 ou 3, on augmente d'une unité un ou deux des quarts que l'on retranche.

**66.** La table de mortalité complétée renferme les nombres de vivants et de survivants à tous les âges, de trimestre en trimestre, depuis la naissance jusqu'à l'âge extrême de la table. On raisonne et on opère avec ces nombres de vivants et de survivants comme nous l'avons fait en prenant l'année pour unité de temps, et en nous servant des tables non complétées.

Ex. Il s'agit de calculer le prix d'une rente viagère de 1 fr. assurée sur la tête d'une personne de 34 ans et 2 trimestres. Le nombre des vivants de la table de Deparcieux à $34^a6^m$, étant 698, le groupe des assurés à considérer sera de 698 assurés au lieu de 702 (n° 9). On connaîtra de même le nombre des survivants du groupe aux époques de payements de la rente indiquées en années et en trimestres, etc. On établira en conséquence la formule de la prime comme nous l'avons fait.

**67.** DÉCHÉANCE OU RÉDUCTION DU CAPITAL ASSURÉ *dans le cas où les primes annuelles cessent d'être payées.*

Quand un assuré en cas de décès ne paye qu'une ou deux primes, il encourt la déchéance. La Compagnie bénéficie de sa prime ou de ses deux primes, et ne paye rien après son décès. Mais si un assuré cesse le payement après avoir payé trois primes au moins, la Compagnie paye après son décès une certaine partie du capital assuré qui se détermine comme nous allons l'expliquer.

**68.** 24ᵉ PROBLÈME. *Un individu assuré à l'âge de 34 ans pour un capital de 100 fr. payable après son décès, moyennant une prime annuelle de 2ᶠ,76, paye régulièrement les 8 premières primes, puis cesse de payer. Combien la Compagnie payera-t-elle après son décès?*

Cet individu, qui cesse de payer à partir de l'âge de 42 ans, doit perdre le bénéfice des primes qu'il ne paye pas, c'est-à-dire le capital payable après le décès d'un assuré nouveau de 42 ans qui paye régulièrement, jusqu'au bout, une prime annuelle et viagère de 2ᶠ,76. J'ouvre le tarif des assurances en cas de décès à l'âge de 42 ans (*), et je vois qu'une prime annuelle et viagère de 3ᶠ,50 donne droit à 100 fr. payables après décès; une prime de 1 fr. donnerait droit à $\dfrac{100^f}{3,50}$. Une prime de 2ᶠ,76 donne droit à $\dfrac{100^f \times 2,76}{3,50} = 78^f,86$. Si notre assuré avait payé toutes les primes, la Compagnie aurait payé 100ᶠ après son décès; il a perdu 78ᶠ,86 payables à cette époque. La Compagnie ne payera que 21ᶠ,14.

**69.** PRIMES PAYÉES PARTIELLEMENT *par semestre ou par trimestre.*

---

(*) Les tarifs des Compagnies françaises en cas de décès présentent une conformité à peu près complète; nous avons pris nos exemples de primes dans un de ces tarifs. Les primes anglaises que nous avons vues diffèrent très-peu des primes françaises pour les assurances en cas de décès.

Toute prime annuelle est payable au commencement de chaque année de l'engagement. La Compagnie accorde néanmoins la faculté de payer chaque prime en deux fois, au commencement de chaque semestre de l'année, ou en 4 fois, au commencement de chaque trimestre, à condition qu'on lui paye les intérêts à 4 p. 0/0 de chaque payement arriéré.

*Primes à payer par semestre.* Pour la trouver, on ajoute à la prime annuelle *un* p. 0/0 de sa valeur, et on divise par 2.

EXEMPLE. *La prime annuelle est de* 400 fr. J'ajoute 1 p. 0/0; total, 404 fr.; la moitié est 202 fr. L'assuré payera 202 fr. au commencement de chaque semestre. (*Démontrez, sachant que les deux primes semestrielles doivent être égales.*)

*Prime à payer par trimestre.* Pour la trouver, on ajoute à la prime annuelle 1 $^1/_2$ p. 0/0 de sa valeur, et on divise par 4. Ex. : *La prime annuelle est* 400 fr. J'ajoute 1 $^1/_2$ p. 0/0; total 406 fr.; le quart est 101$^r$,50. L'assuré paye 101$^r$,50 au commencement de chaque trimestre.

**70.** RENTES VIAGÈRES. Il est clair que les rentes viagères pourraient être établies payables par année, et payées par trimestre ou par semestre, moyennant un escompte analogue au précédent retenu par la Compagnie. Mais il n'en est pas ainsi; les tarifs sont établis pour le payement par trimestre et par semestre.

**71.** ASSURANCES A DEMI-PRIMES.

Dans cette combinaison, la Compagnie accorde au contractant de ne payer que la moitié de la prime annuelle, à condition de payer chaque année en sus l'intérêt à 5 p. 0/0 de chacune des demi-primes dont elle lui fait ainsi crédit. Après le décès de l'assuré, la Compagnie retient sur le capital qu'elle doit payer la valeur totale des demi-primes non payées.

Cette combinaison est peu avantageuse pour le contractant qui paye 5 p. 0/0 d'intérêt, tandis que la Compagnie ne lui tient compte que de 4 p. 0/0. D'ailleurs les intérêts des demi-primes impayées forment un total de plus en plus onéreux, et qui finirait par dépasser la demi-prime elle-même. C'est pourquoi généralement, les Compagnies ne consentent guère à recevoir la demi-prime que pendant les dix premières années de l'engagement au plus.

**72.** Valeur en argent comptant d'un contrat d'assurance sur la vie a une époque quelconque de l'engagement.

Le droit de recevoir à certaines époques et à certaines conditions constitue pour le propriétaire d'un contrat d'assurance un avoir réel. L'obligation de payer de même constitue pour la Compagnie un *doit*. Cet *avoir* et ce *doit* peuvent aisément s'évaluer en argent comptant à une époque quelconque quand le taux d'intérêt est déterminé.

*1° Un contrat d'assurances sur la vie, vaut en argent comptant, à une époque quelconque de l'engagement, la prime unique immédiate qu'exigerait la Compagnie pour assurer les payements éventuels, qu'elle a encore à faire en vertu du contrat, sur la tête d'un* nouvel *assuré ayant l'âge qu'a, à cette époque, l'assuré titulaire; moins la prime unique dont le payement immédiat équivaudrait pour un* autre *assuré* nouveau *du même âge indiqué, à l'obligation de faire à la Compagnie les payements éventuels qui doivent être encore faits d'après le contrat par ou pour l'assuré titulaire (*).*

*2° L'obligation pour la Compagnie de remplir les con-*

---

(*) Dans le cas des assurances en cas de décès, les primes calculées d'après la table de Duvillard étant trop fortes, la valeur du contrat ainsi estimée est trop grande. Il convient de la diminuer comme les Compagnies diminuent ces primes, c'est-à-dire de 10 ou de 15 p. 0/0 de sa valeur.

*ditions encore éventuelles de l'assurance équivaut à payer comptant la valeur que nous venons d'indiquer.*

Ces définitions s'appliquent à toutes les combinaisons d'assurances sur la vie, et l'exactitude de chacune est à peu près évidente. En voici cependant une démonstration.

EX. : *Une personne assurée dans des conditions quelconques, à prime unique ou à primes éventuelles déjà payées, est parvenue à l'âge de 34 ans. Quelle est la valeur de son contrat en argent comptant? Quel est l'équivalent en argent comptant de l'obligation qu'a la Compagnie de faire les payements ultérieurs indiqués dans le contrat?*

Au lieu de l'individu, considérons le groupe. Au moment de l'assurance, l'assuré en question faisait partie d'un groupe réduit aujourd'hui à 702 individus. L'avoir de ces 702 individus, toujours représentés par les bénéficiaires de l'assurance, se compose d'après la table de mortalité et d'après le contrat d'une $1^{re}$ somme connue $S_1^f$ payable dans 1 an, d'une $2^e$ somme $S_2^f$, payable dans 2 ans ; etc., ainsi de suite jusqu'à la fin de l'engagement. La $1^{re}$ somme $S_1^f$ payable dans 1 an vaut aujourd'hui en argent comptant, au taux de 4 p. 0/0, $\dfrac{S_1}{1,04}$ ; la somme $S_2$ vaut $\dfrac{S_2}{(1,04)^2}$ ; de même jusqu'à la fin de l'engagement. L'avoir total en *argent comptant* des 702 individus est donc

$$\frac{S_1}{1,04} + \frac{S_2}{(1,04)^2} + \frac{S_3}{(1,04)^3} + \dots \frac{S_h}{(1,04)^h}$$

*h* étant le nombre d'années que durera encore l'engagement.

Ce qui est précisément la valeur de la prime unique collective $702x$ que la Compagnie doit faire payer comptant d'après les conditions générales (n° 5) de toute assurance pour assurer tous les payements encore éventuels, $S_1$, $S_2$, $S_3$, etc.

Cet *avoir* est calculé eu égard à toutes les chances de la mortalité. Or les 702 individus sont égaux devant ces chances ; donc l'*avoir* en argent comptant d'un assuré quelconque est la $702^e$ partie de $702x$, c'est-à-dire n'est autre que la prime individuelle *x*, indiquée dans notre définition.

Mais l'*avoir* du groupe, comme l'*avoir* de l'assuré unique n'est pas autre chose que le *doit* de la Compagnie, ce qu'elle s'est obligée à payer. Donc l'obligation de la Compagnie de faire les payements ultérieurs prévus par le contrat, équivaut bien à payer comptant la prime indiquée.

On démontrerait de même pour le cas où la Compagnie aurait encore elle-même des primes éventuelles à recevoir ultérieurement.

Le même raisonnement s'applique à l'assurance sur plusieurs têtes.

Les deux définitions 1° et 2° sont donc justifiées.

**72** *bis.* De ces définitions, faut-il conclure que si l'une des parties désirait résilier l'engagement à une époque quelconque de son cours, la Compagnie serait obligée de payer comptant, ou le bénéficiaire obligé de recevoir la valeur indiquée ?

Oui, si la faculté de résilier à l'époque en question, en faveur de l'une des parties ou de toutes les deux est inscrite purement et simplement dans le contrat; non, dans le cas contraire (et, suivant nous, une Compagnie doit rester prudemment dans ce cas contraire, tout en se prêtant généralement de bonne grâce, et sans exigences déraisonnables au rachat facultatif).

Mais dans bien des cas, ce que nous appelons la valeur en argent comptant du contrat peut servir de base à une transaction, ou être utile pour lever une difficulté.

La Compagnie rachète un contrat, prête sur un contrat; le contrat est vendu à un tiers. Dans tous ces cas, il faut connaître sa valeur actuelle, en argent comptant.

Un rentier a besoin de réaliser à une certaine époque de l'engagement; il veut capitaliser sa rente. La Compagnie lui dit : Je ne tiens pas à résilier notre engagement; je préfère continuer à exécuter le contrat. Mais puisque vous désirez de l'argent comptant, je vous en donnerai si vous consentez à perdre *tant* pour 0/0 (par exemple) de la valeur de votre contrat.

Voilà trois ou quatre exemples entre *mille* de l'utilité pratique des définitions précédentes.

**73.** RACHAT D'UN CONTRAT. La Compagnie rachète le contrat d'un assuré pour lequel on a payé trois primes au moins. La base de cette transaction est évidemment la valeur actuelle du contrat calculée d'après la définition donnée n° 72. La Compagnie rembourse cette valeur diminuée de tant pour 0/0, d'après les conditions du contrat, si le rachat y est prévu, de gré à gré dans le cas contraire.

**74.** Emprunt sur un contrat. La Compagnie prête aussi à 5 p. 0/0 sur un contrat quand il y a déjà trois primes payées. Pour faire ce prêt, il faut encore connaître la valeur du contrat en argent comptant (n° 72). Après le décès, la Compagnie retient, s'il y a lieu, sur le capital assuré, ce qui peut lui rester dû par le fait de l'emprunt.

## Partage des bénéfices des assurances en cas de décès. — Inventaire de la Compagnie.

**75.** Les primes d'assurances en cas de décès, calculées d'après la table de Duvillard, étant trop fortes, donnent aux Compagnies de grands bénéfices, mais par contre n'offrent pas assez d'avantages aux assurés. C'est pourquoi les Compagnies, qui se font concurrence, diminuent ces primes de 10, de 15 p. 0/0, plus ou moins, ou donnent aux assurés qui consentent à payer ces primes sans diminution une part plus ou moins grande des bénéfices nets qu'elles retirent de ces assurances. Chaque Compagnie fixe à son gré la part qu'elle veut donner; cela dépend de la grandeur de ses bénéfices et de la concurrence. Mais dès qu'une Compagnie a promis dans ses contrats de donner 50 p. 0/0, par ex., de ses bénéfices nets à ses assurés en cas de décès, elle doit tenir loyalement sa promesse. Nous allons dire comment elle doit procéder pour cela (*).

---

(*) Nous donnons ici une solution très-simple, très-pratique, et qui nous parait la seule vraie et rationnelle, d'une question réputée

6

**76.** INVENTAIRE DE LA COMPAGNIE. — Les bénéfices, quand il y en a, se partagent à des époques périodiques, par exemple tous les deux ans, à la suite d'un *inventaire*. *Nous supposerons deux ans, et 50 p. 0/0 des bénéfices nets* attribués aux assurés.

**77.** PLAN DE L'INVENTAIRE.—Dans un inventaire, on fait le compte de chaque assuré qui s'est trouvé en cours d'engagement dans la période précédente. Dans le cas d'un assuré *survivant*, les chances de la mortalité ont été favorables à la Compagnie ; il y a bénéfice, et on évalue ce bénéfice. Dans le cas d'un assuré mort, les chances ont été contraires à la Compagnie ; il y a perte ; on évalue cette perte. Toutes les pertes et les bénéfices ainsi évalués, on additionne les unes d'une part, les autres de l'autre, et on ajoute aux pertes les frais d'administration ; on retranche le total de la somme des bénéfices bruts ; le reste est le bénéfice *net*. On distribue 50 p. 100 de ce bénéfice *net* aux actionnaires de la Compagnie, et on partage le reste entre les assurés survivants. La moitié des bénéfices nets est une fraction déterminée du bénéfice brut total, 30 p. 100 par exemple. Alors *la part de bénéfices revenant à chaque assuré survivant est égale aux 30 p. 100 du bénéfice qu'il a produit.*

Cette part lui est payée en argent comptant, ou en di-

---

jusqu'à présent très-difficile, et qui est néanmoins la plus usuelle de toutes. Nous soumettons cette solution à nos lecteurs, et nous la proposons aux compagnies qui jusqu'à présent, nous a-t-on dit, ne sont pas fixées sur le mode de répartition des bénéfices le plus convenable pour ne léser ni l'intérêt des assurés ni le leur. Il y a autant de modes de répartition différents que de Compagnies françaises et anglaises ; or cela ne doit pas être à notre avis. Nous serons heureux si nous sommes parvenu à élucider cette question, et à l'avoir mise comme les autres à la portée du plus grand nombre.

minution de prime, ou en augmentation du capital assuré. On balance son compte en conséquence, et on le résume par un capital à payer après son décès qui est une dette de la Compagnie.  Cette dette de la Compagnie doit être balancée par son avoir au compte de cet assuré à la clôture de l'inventaire.

Nota. *Quand l'inventaire se balance en perte, cette perte est supportée en totalité par la Compagnie.*

**78.** Équation d'une assurance. — Pour faire un pareil inventaire, il suffit donc de savoir faire le compte de chaque assuré. Rien de plus facile, quand on comprend bien ce que nous appellerons l'équation d'une assurance.

Exemple. D'après les tarifs, 100 fr. payables après le décès d'une personne de 40 ans, équivalent à une somme de 46$^f$,86 payée comptant à la Compagnie (prime unique), ou à une somme de 3$^f$,28 payable par le contractant au commencement de chaque année de la vie de l'assuré, à partir du moment actuel (prime annuelle et viagère.) S'il y a balance dans le compte de la Compagnie concernant un pareil assuré, et que le *doit* de la Compagnie soit 100 francs payables après son décès, l'*avoir* de la Compagnie au même compte, *de quelque manière qu'il soit composé*, équivaut en argent comptant à 46$^f$,86, ou à 3$^f$,28 payables annuellement comme il a été dit.

**79.** La Compagnie doit les intérêts composés à 4 p. 100 par an de toute somme versée entre ses mains pour tout le temps qu'elle y reste (n° 5).

Voilà les principes. Appliquons-les.

Notation. *p. ap. d.* signifie : payable après décès; *co.* signifie : comptant; *pr. an.* signifie : prime annuelle.

**80.** Détails de l'inventaire. — Inventaire au 31 décembre 1864. Nous faisons un inventaire au 31 décembre 1864.

Un assuré peut être *ancien*, c'est-à-dire avoir déjà été compris dans l'inventaire précédent, ou *nouveau*, c'est-à-dire être assuré depuis moins de deux ans.

### ASSURÉS SURVIVANTS ANCIENS A PRIME ANNUELLE ET VIAGÈRE.

Soit A un de ces assurés âgé aujourd'hui de 42$^a$ 6$^m$ pour la Compagnie (n° 62), et qui avait par conséquent 40$^a$ 6$^m$ au 31 décembre 1862. Supposons que le compte de cet assuré se *résume à nouveau* après règlement et balance sur les comptes de l'inventaire précédent (de décembre 1862), par un capital de 100 fr. payable après décès. Ce capital est le DOIT de la Compagnie, à nouveau, au 1$^{er}$ janvier 1863.

Puisqu'il y a alors balance exacte, son AVOIR au compte de cet assuré, de quelque manière qu'il se compose, équivaut alors, en argent comptant, d'après le tarif, à 3$^r$,33 payables à la Compagnie au commencement de chaque année de la vie de l'assuré, à partir du 1$^{er}$ janvier 1863 (*). Faisons ce compte en conséquence au 31 décembre 1864.

L'assuré a payé 3$^r$,33 le 1$^{er}$ janvier 1863, et 3$^r$, 33 le 1$^{er}$ janvier 1864. L'*avoir* de la Compagnie à son compte, au 31 décembre 1864, est donc : 3$^r$,33 $\times$ (1,04)$^2$ + 3$^r$,33 $\times$ 1,04 + la somme de 3$^r$,33 payable au commencement de chaque année de la vie de notre assuré âgé aujourd'hui de 42 ans 6 mois. Le *doit* est un capital de 100 fr. p. ap. le d. de cet homme de 42 ans 6 mois. Je fais le calcul.

$$3^r,33 \, (1,04)^2 + 3,33 \times 1,04 = 7^r,06.$$

J'ouvre le tarif des assurances en cas de décès à l'âge de 42 ans 6 mois, et je trouve que 3$^r$,55 de pr. an. = 100

---

(*) N'oublions pas que cet assuré avait 40$^a$ 6$^m$ au 1$^{er}$ janvier 1863.

p. ap. d.;   donc 1 fr. de pr. an. $= \dfrac{100^f}{3,55}$ p. ap. d.;   3$^f$,33

de p. an.$= \dfrac{100^f \times 3,33}{3,55}$ ou 93$^f$,80 p. ap. d.

Nous avons donc :    à l'*avoir*, 7$^f$,06 (compt.) $+$ 93$^f$,80 p. ap. d., et au *doit*, 100 fr. p. ap. d.  Je retranche 93$^f$,80 de 100 fr.; il reste 6$^f$,20.   Je cherche la valeur en argent comptant de 6$^f$,20 p. ap. le d. d'un assuré de 42 ans 6 mois.

D'après le tarif, 100 fr. p. ap. ce d.  valent 48$^f$,93 payés comptant (prime unique);   1 fr. p. ap. ce d. valent 0$^f$,4893 comptant, et 6$^f$,20 p. ap. d. valent comptant 0$^f$,4893$\times$6$^f$,20 $=$ 3$^f$,03.

Je retranche 3$^f$,03 de 7$^f$,06; il reste 4$^f$,03.   Ce reste est le bénéfice sur l'assuré en question. En effet, l'*avoir* de la Compagnie à son compte est

(4$^f$,03 $+$ 3$^f$,03) comptant $+$ 93$^f$,80 p. ap. son d.

Mais, 3$^f$,03 comptant valant 6$^f$,20 p. ap. d., je les remplace dans l'*avoir* qui devient

4$^f$,03 comptant $+$ (6$^f$,20 $+$ 93$^f$,80) p. ap. d.$=$4$^f$,03 comptant $+$ 100 fr. p. ap. d.

Le *doit* de la Compagnie est 100 fr. p. ap. d.   Il y a donc finalement un bénéfice de 4$^f$,03. On porte ces 4$^f$,03 à l'article des bénéfices bruts de la balance générale.

Les 3$^f$,03 restent dans la caisse de la Compagnie en *réserve nouvelle* à l'AVOIR de cet assuré.

Nous reviendrons à ce compte pour l'achever, quand nous aurons trouvé le bénéfice net total.

ASSURÉS ANCIENS A PRIME UNIQUE. Soit B un de ces assurés. Supposons le même âge actuel, 42 ans 6 mois, le même capital, 100 fr. payable après décès, inscrit après balance le 31 décembre 1862. L'avoir de la Compagnie à ce compte était à cette date :   47$^f$,26 valeur argent comptant.   Au 31 décembre 1864, cet avoir devient :   47$^f$,26$\times$ (1,04)$^2$$=$51$^f$,12.   Le *doit* est 100 fr. p. ap. le d. d'un assuré de 42 ans 6 mois qui valent comptant 48$^f$,93.   Le bénéfice est 51$^f$,12 — 48$^f$,93 = 2$^f$,19. On le porte à la balance générale. L'avoir à nouveau de la Compagnie *au compte de cet assuré* est 48$^f$,93 au lieu de 47$^f$,26. Cet avoir est augmenté de 1$^f$,67 gardés comme *réserve nouvelle* sur les intérêts de 47$^f$,26.

ASSURÉS NOUVEAUX A PRIME UNIQUE. Un assuré nouveau ne participe au bénéfice et n'est compris dans l'inventaire que s'il est assuré depuis au moins un an. Soit un individu C assuré à prime unique le 19 août 1863 et âgé aujourd'hui de 42 ans 6 mois. Soit S la somme versée. On ajoute à S ses intérêts à 4 0/0 par an pour le reste de l'année 1863; total S'. On considère C comme assuré à 41 ans 6 mois, moyennant une prime unique S'. Je suppose que le capital payable en conséquence ap. le d. de l'assuré soit 100 fr. Alors S' = 48$^f$,08 (tarif) (*).

L'avoir de la Compagnie au compte de cet assuré, au 31 décembre 1864, est 48$^f$,08 × 1,04 = 50$^f$. Le *doit* est 100 fr. p. ap. le d. d'un homme de 42 ans 6 mois qui équivalent en argent comptant à 48$^f$,93 (tarif). Le bénéfice est donc 1$^f$,07.

ASSURÉS NOUVEAUX A PRIME ANNUELLE. Soit D un individu âgé de 42 ans 6 mois au 31 décembre 1864, assuré le 19 août 1863 à prime annuelle. Sa prime annuelle équivaut, d'après les tarifs, à une somme S payée comptant (prime unique). On augmente S de ses intérêts pour le reste de 1863; total S'. On considère D comme assuré le 1$^{er}$ janvier 1864 à l'âge de 41 ans 6 mois pour une prime unique S'. Soit 100 fr. la somme p. ap. d.; S' = 48,08.

---

(*) En opérant ainsi, nous tenons compte à l'assuré des intérêts de la somme S pour la fin de 1863. Ces intérêts devraient être augmentés du bénéfice dû à la mortalité pour le même temps; ce bénéfice est peu important. Nous simplifions ici le calcul un peu au désavantage de l'assuré et à l'avantage de la Compagnie. Ce procédé est analogue à celui qui consiste à augmenter l'âge de l'assuré, pour le convertir en un nombre entier de trimestres.

L'assuré, s'il est à prime annuelle, est considéré comme payant depuis ce jour une prime de 3$^f$,44 (tarif). On fait son compte en conséquence au 31 décembre 1864. Son avoir est 3$^f$,44 × (1,04) + une prime annuelle de 3$^f$,44 payable par un assuré de 42 ans 6 mois à partir du 1$^{er}$ janvier 1865. Le *doit* est 100 fr. p. ap. son décès. On achève ce compte comme dans le cas de l'assuré survivant à prime annuelle.

$$3,44 \times 1,04 = 3^f,58.$$

A 42 ans 6 mois, 3$^f$,55 de pr. an. assurent 100$^f$ p. ap. d.; 1$^f$ de pr. an. assure $\dfrac{100^f}{3,55}$; 3$^f$,44 assurent $\dfrac{100^f \times 3,44}{3,55} = 96^f,90.$

100$^f$ — 96$^f$,90 = 3$^f$,10. On cherche la prime unique qui assure 3$^f$,10 p. ap. le d. d'un homme de 42 ans 6 mois. 100$^f$ sont assurés par 48$^f$,93; 1$^f$ par 0,4893; 3$^f$,10 par 0,4893 × 3,10 = 1$^f$,52.

Je prends 1$^f$,52 sur les 3$^f$,58 existant à l'avoir; il reste 2$^f$,06 de bénéfice à porter à la balance générale.

La somme de 1$^f$,52 reste en réserve à l'avoir de cet assuré.

ASSURÉ DEPUIS MOINS D'UN AN. Un individu E survivant, a été assuré le 19 août 1864. On ne le comprend pas dans l'inventaire du 31 décembre 1864. Mais on reporte la date de son assurance au 1$^{er}$ janvier 1865, moyennant une addition d'intérêts, comme nous avons reporté celle de l'assuré précédent du 19 août 1863 au 1$^{er}$ janvier 1864, et on fait son compte en conséquence dans l'inventaire du 31 décembre 1866.

Chaque compte nouveau ainsi *régularisé* se continue aisément (*).

----

(*) La méthode suivie à l'égard des assurés nouveaux se résume et se motive comme il suit:

Pour simplifier les comptes, sans rien changer à la situation réelle d'un assuré quelconque ni à la pratique de l'assurance, on fait, à cet assuré, *sur les livres*, la situation tout à fait équivalente que voici: on reporte, en compensant, la date de son assurance au

ASSURÉ MORT ANCIEN A PRIME UNIQUE. Un assuré ancien E à prime unique est mort le 3 mars 1864. Au 21 décembre 1862, il avait 40 ans 6 mois, et, balance faite le *doit* de la Compagnie à son compte, était 100 fr. p. ap. son décès. L'avoir était donc alors $47^r,26$ en argent comptant (tarif).

Au 31 décembre 1864, son avoir est $47,26 \times (1,04)^2$, moins 100 fr., payés après son décès, augmentés de leurs intérêts du 3 mars au 31 décembre 1864. Il y a perte. On évalue cette perte, et on la porte à la balance générale.

ASSURÉS MORTS ANCIENS A PRIME ANNUELLE. Un assuré F à prime annuelle est mort le 3 mars 1864. Il avait $41^a 6^m$ au 31 décembre 1862, et balance faite, le *doit* de la Compagnie était alors à son compte de 100. fr. p. ap. son d. Il doit donc être considéré comme payant depuis lors une pr. an. de $3^r,41$. Son *avoir* le 31 décembre 1864 est $3^r,41 \times [(1,04)^2 + 1,04] +$ (sa réserve *totale* au 31 décembre 1862 (*V.* p. 70) $\times (1,04)^2$), moins 100 fr. augmentés de leurs intérêts depuis le décès. On calcule la différence, et s'il y a perte, on la porte à la balance générale.

ASSURÉS MORTS NOUVEAUX. Une personne H, assurée le 19 août 1863 pour un capital de 100 fr. à payer après son décès, est morte avant le 31 décembre 1864. On sait ce qui a été payé par le contractant, et ce qui a été payé après le décès par la Compagnie. On évalue les sommes reçues et les sommes payées avec leurs intérêts à 4 p. 0/0 au 31 décembre 1864, et on en déduit la perte qu'on porte à la balance générale.

BALANCE GÉNÉRALE. Nous avons prévu tous les cas. On

---

$1^{er}$ janvier suivant, et on en fait un assuré qui a payé sa prime unique le $1^{er}$ janvier, ou qui paye chaque année sa prime annuelle le $1^{er}$ janvier. Cette situation rend les inventaires très-simples et très-faciles.

a fait le compte des bénéfices et des pertes pour tous les assurés. On ajoute aux pertes les frais d'administration des assurances en cas de décès. On retranche de la somme le total des bénéfices *bruts*; on obtient ainsi le bénéfice net général. On donne le moitié de ce bénéfice aux actionnaires et l'autre moitié aux assurés.

## Répartition du bénéfice net attribué aux assurés.

PART DE CHAQUE ASSURÉ. Supposons que la moitié du bénéfice net soit les 0,30 du bénéfice brut total. Chaque assuré a droit aux 0,30 du bénéfice qu'il a produit dans la période.

ASSURÉ A PRIME ANNUELLE. Notre 1$^{er}$ assuré A, par ex.., qui a aujourd'hui 42° 6$^m$ et qui a donné un bénéfice *brut* de 4$^f$,03, a droit à 4$^f$,03 × 0,30 = 1$^f$,209.

1$^{er}$ CAS. Cette somme lui est payée comptant, et alors le *doit* de la Compagnie reste fixé à nouveau au 31 décembre 1864, à 100 fr. p. ap. son d., sans augmentation (*).

2$^e$ CAS. Ou bien, on diminue sa prime, qui était 3$^f$,33, de la valeur de la prime annuelle qui, pour un assuré *nouveau* de 42°6$^m$, équivaut, à une prime unique de 1$^f$,209 versée comptant, c'est-à-dire de 0$^f$,082; il ne paye plus

---

(*) Cet assuré ne paye toujours que 3$^f$,33; mais son *avoir* au 31 déc. 1864 est tel qu'il doit être considéré comme payant dans la période suivante la prime de 3$^f$,55, qui assure 100$^f$ payables après le décès d'un nouvel assuré de 42 ans 6 mois. On fera son compte en conséquence dans l'inventaire du 31 décembre 1866. C'est qu'il paye en effet 3$^f$,55, la Compagnie ayant gardé en réserve *nouvelle* à son *avoir* 3$^f$,03 (comptant) qui, convertis en prime annuelle pour l'âge de 42 ans 6 mois, équivalent à 0$^f$,22. (L'équation d'une assurance sert ici comme partout.)

que 3ᶠ,248. Malgré cela, la Compagnie doit toujours 100 fr, payables après son décès (*).

3ᵉ CAS. Ou bien enfin, le capital p. ap. son décès est augmenté de la somme p. ap. le décès d'un assuré de 42ᵃ 6ᵐ qui paye comptant une prime unique de 1ᶠ,209; cette somme est 2ᶠ,46. Le *doit* de la Compagnie au compte de cet assuré, le 31 décembre 1864, est donc dans ce cas 102ᶠ,46 payables après le décès.

ASSURÉ A PRIME UNIQUE. Si l'assuré a payé *une prime unique*, il doit recevoir sa part de bénéfice net en argent comptant, ou le capital p. ap. son d. doit être augmenté comme nous venons de le dire.

**81.** OBSERVATION GÉNÉRALE IMPORTANTE. Dans tous les cas, l'inventaire ayant été fait et clos, comme nous venons de l'expliquer, au 31 janvier 1864, il n'y a plus à revenir sur les versements antérieurs de chaque assuré ni sur les réserves faites à son compte et laissées à son avoir.

*La situation d'un assuré quelconque le* 31 *décembre* 1864 ÉQUIVAUT *absolument à celle d'une personne* DE SON AGE *assurée à* NOUVEAU *qui, le soir même de ce jour, aurait versé la prime unique, ou payé pour la première fois la prime annuelle qui correspond, d'après le tarif, à la somme payable après décès, inscrite en balance à* NOUVEAU *au compte de cet assuré.*

REMARQUE IMPORTANTE. En agissant ainsi, on tient

---

(*) Cet assuré, bien qu'il ne paye plus que 3ᶠ,248 de prime annuelle, doit être considéré comme payant 3ᶠ,55, prime annuelle pour un capital de 100 fr. payable après le décès d'un assuré nouveau de 42 ans 6 mois. C'est qu'il les paye en effet, la Compagnie ayant gardé à son avoir en argent comptant : 1° 3ᶠ,03 réservés; 2° la part de bénéfice gardée, 1ᶠ,209. Ces deux sommes réunies et converties en prime annuelle équivalent à l'excédant de 3ᶠ,55 sur 3ᶠ,248. Mais il est bien entendu qu'en comptant la prime annuelle à 3ᶠ,55 dans l'inventaire du 31 décembre 1866, la Compagnie tient compte des deux sommes en question gardées par elle le 31 décembre 1864, et n'a plus à revenir sur ces deux sommes.

compte *implicitement*, pour l'évaluation du bénéfice produit par un assuré, de tous ses versements antérieurs, de sa réserve totale et de tous les bénéfices qu'il a pu laisser. (Voy. les notes pages 67 et 69.)

CONCLUSION. En opérant comme nous venons de l'expliquer, une Compagnie donne exactement à chacun (actionnaire ou assuré) la part de bénéfice qui lui est due, et *augmente* sa réserve à *l'avoir* de chaque assuré de ce qui est nécessaire pour couvrir l'augmentation *nouvelle* du risque résultant de l'accroissement du capital ou de l'âge de cet assuré.

*Réserve totale individuelle à la cloture d'un inventaire.* Ex. : un assuré a 48 ans le 31 décembre 1864 et le *doit* à nouveau de la Compagnie est à son compte : S fr. p. ap. d.    Il compte sur les livres comme nouvel assuré (régularisé) à partir du 1er janvier 1856 pour la *pr. an.* P. La pr. an. P, supposée payée par un assuré nouveau de 48 ans couvre S' fr. La réserve totale de cet assuré est égale à la prime unique (argent comptant) qui, d'après le tarif, assure (S — S') fr. payable après le décès d'un nouvel assuré de 48 ans.

*N. B.* Nous avons considéré le cas d'un capital payable après décès; mais notre méthode s'applique évidemment à une assurance quelconque en cas de décès; on se sert de la même manière pour l'évaluation et le partage des bénéfices des tarifs spéciaux à l'assurance en question.

APPLICATION DE LA MÉTHODE. Nous recommandons cette méthode à l'attention sérieuse des Compagnies. Elle est exacte, progressive et rationnelle, et tout en ne lésant pas les assurés nouveaux, elle donne, nous le croyons, des résultats aussi avantageux pour les assurés un peu anciens, qu'aucune des méthodes pratiquées un peu arbitrairement par les Compagnies; car elle tient bon compte de tous les versements effectués et de la longévité de l'assuré.

FIN.

# TABLE DES MATIÈRES.




Paris. — Imprimé par E. THUNOT et C⁰, rue Racine, 26.

www.ingramcontent.com/pod-product-compliance
Ingram Content Group UK Ltd.
Pitfield, Milton Keynes, MK11 3LW, UK
UKHW020031100726
13658UKWH00003B/1237